Top im Gesundheitsjob

TOP im Gesundheitsjob – Einfach zum Mitnehmen!

Die Pocketreihe für Berufe im Gesundheitswesen mit Themen für Ihre Karriere und die persönliche Weiterentwicklung.

Top im Gesundheitsjob bietet Ihnen zum schnellen Nachlesen und Anwenden:

- Wissen rund um Themen für eine bessere Ausgangsposition in Gesundheitsberufen
- Autoren aus den Gesundheitsberufen
- Konzentration auf die wesentlichen, für die Umsetzbarkeit wichtigen Inhalte
- Eine kurzweilige und informative Wissensvermittlung
- Selbsttests, Übungen und Trainingsprogramme

Weitere Bände in der Reihe https://link.springer.com/bookseries/8739

Alexander Seidl

Freundlich, aber bestimmt – Die richtigen Worte finden in Gesundheitsberufen

3. Auflage

Mit 9 Abbildungen

 Springer

Alexander Seidl
health care communication
Kottingbrunn, Österreich

ISSN 2625-9400   ISSN 2625-9419   (electronic)
Top im Gesundheitsjob
ISBN 978-3-662-65044-8   ISBN 978-3-662-65045-5   (eBook)
https://doi.org/10.1007/978-3-662-65045-5

Die Deutsche Nationalbibliothek verzeichnet diese Publikation in der Deutschen Nationalbibliografie; detaillierte bibliografische Daten sind im Internet über http://dnb.d-nb.de abrufbar.

Cartoons: Claudia Styrsky, München
Umschlaggestaltung: deblik Berlin
Fotonachweis Umschlag: © www.gettyimages.com, Anatoly Maslennikov

Planung/Lektorat: Sarah Busch
Springer ist ein Imprint der eingetragenen Gesellschaft Springer-Verlag GmbH, DE und ist ein Teil von Springer Nature.
Die Anschrift der Gesellschaft ist: Heidelberger Platz 3, 14197 Berlin, Germany

An Stelle eines Vorwortes

Noch gibt es Menschen Gott sei Dank,
die andern helfen, welche krank
und hilfreich ihre Hände reichen,
damit die Angst und Schmerzen weichen.
Vom Drang zu helfen mild geleitet
passiert es dennoch, dass man streitet,
weil man gestresst und überhaupt
sich nicht gerecht behandelt glaubt.
Und statt als Helfer aufzutreten
steckt selber man bereits in Nöten.
Nicht nur, dass der, der Hilfe sucht
verbittert ist und sogar flucht,
man zweifelt an sich selbst frustriert
weil man nicht richtig reagiert.
Wie man sich besser da verhält?
Es wird in diesem Buch erzählt

von Menschen mit sehr viel Erfahrung,
es ist wie eine Offenbarung:
Um Spannungen schnell zu entschärfen,
Sei freundlich und behalt die Nerven!

P.H.

Inhaltsverzeichnis

Über den Autor

Alexander Seidl ist ON zertifizierter Organisations-
berater und -trainer für das Gesundheitswesen, NLP Lehr-
trainer, systemischer Coach. Er ist im In- und Ausland ein
gefragter Referent und Seminarleiter, der es schafft, auf
humorvolle und sehr praxisnahe Art Menschen zum
Nachdenken und Verändern zu motivieren. Seit 2000
begleitet er Organisationen und Menschen im Gesundheitswesen im Zuge von Veränderungsprozessen und

gestaltet gemeinsam mit den Institutionen Prozesse auf eine Art, dass sie nicht nur effizient sind, sondern auch für alle beteiligten Mitarbeiterinnen und Mitarbeiter so gut wie möglich passen. Aus dem NLP kommt der Ansatz des Modelling: „Schau dorthin, wo etwas besonders gut funktioniert, erkenne die Strukturen und mache sie für dich und andere nutzbar." Viele der Strategien in diesem Buch beruhen auf Beobachtungen aus der Praxis.

Gemeinsam mit Mag. Dr. Annelies Fitzgerald, DGKS, hat er 2003 die Firma health care communication (www.healthcc.at) gegründet, welche sich mit einem kompetenten Team von Trainern und Beratern auf Schulungen, Beratungen und die Organisation von Kongressen und Veranstaltungen im Gesundheitswesen spezialisiert hat.

1

Freundlich, aber bestimmt?

Kennen Sie das?

Ein Montagmorgen in einer Ambulanz. Der Warteraum ist zum Bersten gefüllt. Noch dazu kommt es zu Verzögerungen, da sich zwei der diensthabenden Ärzte akut um einen Notfall kümmern müssen. Die Mitarbeiterin ist bemüht, einen Ersatz zu organisieren und telefoniert mit anderen Stationen – alles im Sinne der Patienten. Während sie damit beschäftigt ist, kommt ein Patient mit rotem Kopf und faucht sie an: „Das ist ja kein Wunder, dass da nichts weitergeht, wenn Sie die ganze Zeit nur telefonieren. Arbeiten Sie lieber was, damit wir endlich drankommen."

Später geht sie erschöpft in den Sozialraum und schenkt sich einen Kaffee ein. Sie nimmt den letzten aus der Kanne. Kaum hat sie den Kaffee eingeschenkt, hört sie von weiter hinten im Sozialraum, hinter einer Zeitung hervor, eine murmelnde Stimme: „Typisch! Den letzten Kaffee nehmen, aber keinen frischen aufsetzen. Ich frage mich, wozu man sich in dem Team überhaupt etwas ausmacht."

© Der/die Autor(en), exklusiv lizenziert durch Springer-Verlag GmbH, DE, ein Teil von Springer Nature 2022
A. Seidl, *Freundlich, aber bestimmt – Die richtigen Worte finden in Gesundheitsberufen*, Top im Gesundheitsjob, https://doi.org/10.1007/978-3-662-65045-5_1

Sie schüttelt den Kopf, trinkt ihren Kaffee und beschließt, ihre Mittagspause lieber in der Cafeteria zu verbringen. Dort trifft sie eine Kollegin von der Intensivstation. „Die Angehörigen sind so mühsam", erzählt diese im Gespräch. „Egal, wie groß wir auf Zettel schreiben, wann die Besuchszeiten sind und was die maximale Anzahl an Angehörigen ist, die gleichzeitig ins Zimmer dürfen. Keiner kümmert sich darum. Da kannst du schimpfen, was du willst. Es ist jedem egal."

„Die Angehörigen gehen ja noch", bringt sich eine andere Kollegin ins Gespräch ein. „Ich habe einen Kollegen, der sich nicht abgewöhnen lässt, dass er sich, wenn ich vorm Computer sitze, über mich beugt und seine Hände auf meine Schultern legt. Wisst ihr, wie unangenehm *das* ist?"

Im Gesundheitswesen gibt es unzählige Situationen, wo Emotionen hoch kochen oder Menschen von einem etwas wollen, was man nicht leisten kann. In diesem Buch geht es darum, wie Sie in den zahlreichen Situationen, die jeden Tag vorkommen, die Oberhand behalten und nicht seufzend resignieren, sondern auf angemessene Art Ihren Standpunkt durchsetzen.

1.1 Freundlich, aber bestimmt – zu viel verlangt?

„Freundlich, aber bestimmt" hört sich für manche vermutlich nach dem größten Wunsch jeder Gesundheitseinrichtung an:

„Alle Mitarbeiter sollen möglichst freundlich und patientenorientiert sein, auf die Bedürfnisse der Kunden, Klienten, Bewohner oder Patienten bedacht sein und dem gesamten multiprofessionellen und interdisziplinären Team positiv und kollegial gegenüber stehen. Auf der anderen Seite sollen sie ihr Ziel exakt kennen, klar sagen, was möglich ist und was nicht, Grenzen setzen und ihren Weg im Sinne der gesamten Organisation gehen."

Ganz schön viel verlangt, oder?

Begriffe wie „freundlich" oder „Kundenorientierung" sind im Gesundheitswesen wichtig, doch in letzter Zeit ein wenig überstrapaziert. Es gab und gibt Schulungen, in denen Flugbegleitpersonal Pflegepersonen beibringt, wie sie möglichst freundlich sind, stets lächeln und auch in schwierigen Situationen eine professionelle Höflichkeit bewahren. Die Idee, darauf zu achten, ist eine sehr gute. Allerdings haben viele dieser Schulungen auch gezeigt, dass ein aufgesetztes Lächeln, wenn es hinter der Fassade brodelt, ein großer Energiefresser ist.

Unsere Erfahrung hat gezeigt, dass „Freundlichkeit" und „Bestimmtheit" mit „Sicherheit" zusammenhängt: Je mehr Strategien jemand für schwierige Situationen auf Lager hat, umso ruhiger kann er bleiben und umso freundlicher kann er auftreten. Je klarer die eigene Vorstellung davon ist, wie eine Situation ausgehen soll, umso zielorientierter und damit bestimmter kann jemand auftreten.

Was „Freundlichkeit" ist, wird sehr unterschiedlich erlebt. Für manche ist es selbstverständlich, sich abzugrenzen und ein „Nein" auszusprechen und auch zu akzeptieren. Andere bringen ein „Nein" kaum über die Lippen oder empfinden es als Affront, wenn man ihnen eine Bitte abschlägt. Auch wenn jeder eine Idee hat, was freundlich ist und was nicht, so ist der Begriff doch subjektiver, als man denkt. Es geht somit nicht um „die" Freundlichkeit sondern um eine Art, die für den jeweils anderen angemessen ist.

Spannend wird es, wenn der Begriff „freundlich" mit dem Begriff „bestimmt" zusammen fällt. „Bestimmt" auftreten heißt zu wissen, was man möchte. Es bedeutet, Ziele zu formulieren, diese zu erreichen, Grenzen zu kennen (vor allem auch die eigenen!) und diese klar aufzuzeigen.

Viele Menschen haben in der Kommunikation zu wenig Ziele und trauen sich nicht, darauf zu beharren, was sie wirklich wollen. Viele schweigen zu lange, denken sich, der andere müsste doch wissen, was ich möchte, und wenn sie es dann doch ausdrücken, benötigen sie dafür so viel Energie, dass sie sehr schroff wirken und neue Konflikte produzieren.

„Hart in der Sache, weich zum Menschen"
Im Harvard-Verhandlungsmodell (Fisher et al. 2013) gilt der Zugang „Hart in der Sache, weich zum Menschen" als die erfolgsreichste von vier möglichen Positionen. „Hart in der Sache" kling für manche schon bedrohlich und brutal. In diesem Zusammenhang meint hart nichts anderes als „Klar" bzw. „Konsequent". Sie kennen Ihre Ziele im Gespräch, Sie wissen, wo Sie das Gespräch hinführen wollen und Sie nutzen Ihre Kommunikationsfertigkeiten, um diese Ziele zu erreichen. „Weich zum Menschen" meint, dass Sie dennoch offen für andere Argumente sind, Verständnis für den Standpunkt des anderen haben und bereit sind, eine Lösung zu finden, die für beide passt – wenn dadurch auch Ihr Ziel erreicht wird. Diese Kombination hat die höchste Erfolgschance und man könnte sie auch bezeichnen als „Freundlich, aber bestimmt".

Literatur

Fisher R, Ury W, Patton B (2013) Das Harvard-Konzept. Der Klassiker der Verhandlungstechnik. 23. Aufl. Campus-Verlag, Frankfurt a. M

2

Die drei Rahmen gelungener Kommunikation

Beispiel

Dr. Max Grau sitzt vor seinem Schreibtisch. Sein Blick ist konzentriert auf seinen Computer gerichtet. Er führt gerade eine Anamnese durch und weil er sehr ökonomisch ist, tippt er alle Informationen sofort in seinen Computer. Die Patientin, die ihm gegenüber auf der anderen Seite des Tisches sitzt, antwortet auf seine Fragen, während sie ihn dabei beobachtet, wie er in seinen Computer schaut. Dr. Grau mag die Effizienz der modernen Technik. Die Patienten sollen ihm alle Informationen geben, die er zur Diagnoseerstellung benötigt, darüber hinaus jedoch seine Zeit nicht über Gebühr beanspruchen. Als die Patientin nach dem Gespräch das Arztzimmer verlässt, ist sie enttäuscht. Sie hat große Sorgen wegen ihrer Erkrankung und hätte sich gewünscht, dass der Arzt mit ihr darüber spricht. Diesem ist jedoch nicht einmal aufgefallen, dass ihre Augen feucht waren und ihr zwischendurch einmal eine Träne über die Backe rann.

A. Seidl, *Freundlich, aber bestimmt – Die richtigen Worte finden in Gesundheitsberufen,* Top im Gesundheitsjob, https://doi.org/10.1007/978-3-662-65045-5_2

Die meisten Menschen wollen Kommunikations-
techniken, um in schwierigen Situationen gut bestehen
zu können. Doch bevor man eine Kommunikations-
technik erfolgreich anwenden kann, muss man durch
drei Rahmen. Versäumt man das und versucht sofort, mit
bestimmten Techniken an sein Ziel zu gelangen, wird man
zumeist wenig Erfolg haben. Dann denkt man sich entweder „diese Technik hat ja gar nicht funktioniert" oder
aber man wirkt unglaubwürdig. Nur wer alle drei Rahmen
beachtet, wird ein erfolgreicher und wertschätzender
„Kommunikator". Der erste dieser drei Rahmen ist die
Wahrnehmung (Abb. 2.1).

2.1 Wahrnehmung

Hinter der Wahrnehmung steht die Frage, wo Sie im
Gespräch mit Ihrer Aufmerksamkeit sind. Es gibt drei
grundsätzliche Möglichkeiten:

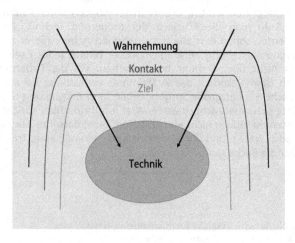

Abb. 2.1 Die drei Rahmen der Kommunikation

1. Sie sind mit Ihrer Aufmerksamkeit ganz und gar bei Ihrem Gegenüber. Sie sehen die Mimik, die Gestik, Sie hören die Worte, den Inhalt und auch die Betonung. Dies zeigt dem anderen ein hohes Maß an Aufmerksamkeit und Interesse an der eigenen Person.

2. Die zweite Möglichkeit ist, dass Sie mit Ihrer Aufmerksamkeit ganz und gar bei sich selbst sind. Vielleicht kennen Sie das Phänomen: Sie führen ein Gespräch mit einer Patientin oder Kollegin, während Sie gedanklich ganz woanders sind, möglicherweise bei den Einkäufen von heute Nachmittag oder der Mathematikschularbeit des Kindes. Am Ende des Gespräches wissen Sie noch ganz genau, was Sie am Nachmittag einzukaufen haben oder was Ihre Überlegungen bezüglich der Mathematikschularbeit sind. Was Sie kaum noch wissen ist, worüber Sie eigentlich gerade mit dem anderen gesprochen haben. Der Großteil der Informationen ist scheinbar verschwunden, da Sie mit Ihrer Aufmerksamkeit bei sich waren und nicht beim anderen. Dieser Zustand ist gut, wenn Sie über etwas nachdenken wollen, aber schlecht im Gespräch.

3. Die dritte Variante liegt dazwischen. Sehr oft ist man mit der Aufmerksamkeit an unterschiedlichen Orten. Ein wenig beim anderen, ein wenig bereits beim nächsten Patienten, etwas fällt noch zum vorigen ein und ein Kaffee wäre jetzt auch wieder mal ganz nett. Diese „zerstreute" Aufmerksamkeit wird gerne als multitaskingfähig bezeichnet. Untersuchungen haben jedoch gezeigt, dass man nicht mehr erreicht, dafür fehleranfälliger ist, als wenn man immer „nur" bei dem ist, was man gerade macht.

Übung

Achten Sie bei Ihrem nächsten Gespräch mit einem Patienten darauf, wie sehr Sie mit Ihrer Aufmerksamkeit bei ihm sind und wie oft Ihre Gedanken abschweifen. Versuchen Sie, Ihre Aufmerksamkeit ganz bewusst auf den anderen zu richten. Nehmen Sie seine Mimik wahr und seine Gestik. Was macht der Mund, die Augen, die Hände, während er spricht. Achten Sie darauf, was und wie die andere Person etwas sagt. Und nehmen Sie auch wahr, wie leicht es passiert, dass man mit den Gedanken zu ganz anderen Themen abschweift, die einen gerade beschäftigen. Sie werden in der Praxis beobachten können, wie Menschen, die sehr freundlich wirken, aber dennoch sehr klar ihre Ziele kennen und durchsetzen, mit ihrer Aufmerksamkeit immer sehr im Moment und auch sehr beim anderen sind.

2.2   Kontakt

Der zweite Rahmen ist der „Kontakt" zu einer anderen Person. Man spricht oft davon, dass man zu manchen Menschen einen guten Draht hat, zu anderen keinen Zugang findet. Woran liegt es, wenn man „gut miteinander kann"? Wie machen das manche Menschen, die nahezu mit jedem gut auskommen?

Im Englischen gibt es dazu einen Spruch:

„People like each other if they are like each other."

Diese Aussage bringt ziemlich gut auf den Punkt, was mittlerweile auch die moderne Psychologie herausgefunden hat: Menschen fühlen sich von anderen angezogen, wenn es viele Gemeinsamkeiten gibt. Auch im deutschen Volksmund gilt der Spruch: „Gleich und gleich gesellt sich gern."

Die Wissenschaft macht dafür einen bestimmten Bereich im Gehirn, die sogenannten Spiegelneuronen, verantwortlich. Diese sind bei Tieren gleichermaßen wie beim Menschen vorhanden und ein sehr alter Bereich im Gehirn. Sie führen bereits bei Kleinkindern und auch bei jungen Tieren dazu, dass sie das Verhalten, das sie bei den Erwachsenen sehen, nachahmen. Dies gilt für Mimik, Gestik, Bewegungen, Geräusche oder Tätigkeiten. Man geht heute davon aus, dass das sehr wichtig war, um einerseits durch Nachahmung zu lernen und sehr schnell hilfreiche Verhaltensmuster „der Großen" zu übernehmen. Auf der anderen Seite auch, um sofort Zugehörigkeit „zur Herde" zu zeigen und zu symbolisieren: „Ich bin einer von euch", um nicht aus der Herde verstoßen zu werden.

So erleben wir auch heute noch, dass uns Menschen, die viel Ähnlichkeit mit uns haben, eher sympathisch sind als Menschen, die sehr unterschiedlich von uns sind. Erinnern Sie sich an die letzten neuen Kolleginnen oder Kollegen, die ins Team gekommen sind. Manche verhalten sich ähnlich wie das Team, haben einen ähnlichen Humor, einen ähnlichen Zugang zur Arbeit und akzeptieren schnell die Gruppenspielregeln. Von diesen sagt man „Der passt gut ins Team".

In vielen Teams gibt es Grüppchenbildung zwischen alten und jungen Mitarbeiterinnen und Mitarbeitern, zwischen Männern und Frauen, zwischen Rauchern und Nichtrauchern, zwischen Fachpersonal und Hilfspersonal, zwischen Verheirateten mit Kindern und Singles. Diese Grüppchenbildung ist in Ordnung, solange die Gruppen untereinander reden und gut zusammenarbeiten. Doch woher kommt diese Gruppenbildung? Durch Gemeinsamkeiten bei Interessen, Sichtweisen, Lebenssituationen.

In Teams können Sie das auch bei Persönlichkeiten erleben: Die Extrovertierten, die laut Witze erzählen, sitzen gerne beisammen, die Ruhigen genauso. Man fühlt

sich unter „Seinesgleichen" am Wohlsten. Kontakt entsteht durch Ähnlichkeit.

Das gilt auch für Patienten. Je mehr ein Patient das
Gefühl hat, Sie sind „bei ihm", desto sicherer wird er sich
fühlen und desto höher wird seine Bereitschaft sein, Ihren
Betreuungs-, Behandlungs- oder Therapieempfehlungen
zu folgen.

Beispiel

Herr Stepan, ein 71-jähriger Patient mit Prostatakarzinom,
sitzt am Gang vor seinem Zimmer, ein wenig vorgebeugt,
die Arme auf die Beine gestützt, den Kopf hängend und
den Blick zu Boden gerichtet. Eine Pflegefachkraft geht
vorbei und bemerkt, dass es Herrn Stepan im Moment nicht
gut geht. Sie setzt sich neben ihn, legt ihre Arme auf ihre
Beine, geht in eine sehr ähnliche Körperhaltung, beruhigt
ihre Atmung, schaut einen Atemzug lang zu Herrn Stepan.
Dann fragt sie ihn mit ruhiger, eher leiser Stimme: „Herr
Stepan, was beschäftigt Sie gerade?" Herr Stepan seufzt
tief und erzählt dann von seinen Ängsten bezüglich der
Erkrankung.

Das kann der Beginn eines professionellen Entlastungs-
gespräches werden.

Wäre die Pflegeperson an ihm vorbeigegangen und
hätte gefragt: „Alles in Ordnung, Herr Stepan", hätte er
vermutlich gesagt: „Jaja, geht schon". Erst durch diese
gespiegelten Elemente hat er das Gefühl, die Pflegeperson
ist „wirklich" bei ihm, versteht seine Emotion und ist
interessiert, ihm zu helfen.

Ein anderes Beispiel:

Beispiel

Frau Androvic geht mit ausholenden Schritten über den Gang eines Pflegeheimes. Sie steuert kerzengerade auf Pfleger Karl zu, der gerade am Stationsstützpunkt steht und dokumentiert. Aufgebracht erzählt sie: „Ich war gerade bei meinem Vater. Er hat mir gesagt, dass ihm wieder Geld gestohlen wurde!" Pfleger Karl weiß, dass Frau Androvics Vater schwergradig dement ist und sein Geld vom Pflegepersonal verwaltet wird, da er es in der Vergangenheit verschenkt, verlegt oder weggeworfen hat.

Versetzen Sie sich in Frau Androvics Situation: Wünschen Sie sich, dass Pfleger Karl lächelt, den Kopf schüttelt und Ihnen mit ruhiger Stimme erzählt, dass das nicht stimmt? Oder soll er mit ernstem Blick zuhören, nicken und mit ebenfalls etwas festerer Stimme sagen, dass so etwas nicht sein darf und es sehr gut ist, dass Sie sofort zu ihm gekommen sind und er gleich mit Ihnen nachschaut, was da passiert ist? Die meisten Menschen fühlen sich bei der zweiten Variante mehr verstanden, weil sie wieder ihre ernste, aufgebrachte Stimmung gespiegelt erleben und somit das Gefühl haben, der andere versteht die eigenen Emotion. Umgekehrt wird es Pfleger Karl leichter fallen, wenn er auf diese Art zuerst einmal Verständnis zeigt und Kontakt zu Frau Androvics aufbauen kann, ihr dann zu erklären, wie sich die Situation tatsächlich verhält und das Geld sicher verwahrt ist.

Sprechen Sie mit oder zu anderen Personen?
Es gibt einen großen Unterschied, ob man **mit** einem Menschen oder **zu** einem Menschen spricht. Vielleicht haben Sie das schon beobachtet:

Beispiel

Zwei Pflegefachkräfte sind zu Mittag damit beschäftigt, Essen einzugeben. Währenddessen geht die Stationsleitung vorbei und sagt: „Der Visitenwagen würde wieder einmal kontrolliert gehören." Was wird passieren? Vermutlich nichts. Genauso wenig, wie wenn der Arzt im Zuge der Visite zum Patienten sagt: „Und auf Ihr Gewicht sollten Sie auch achten.", oder die Mutter zum Kind: „Du solltest wieder mal dein Zimmer aufräumen."

Kontakt bedeutet auch, dass ich die Brücke gebildet habe, über die meine Information beim anderen ankommt. Dann spreche ich **mit** dem anderen und kann etwas bewirken. Etwas bloß zu sagen, also **zu** einem anderen zu sprechen, ist zu wenig.

Übung

Beobachten Sie einfach einmal gute Gesprächssituationen. Gesprächssituationen, wo Sie den Eindruck haben, dass die Menschen einen guten Kontakt zueinander haben. Beobachten Sie die Übereinstimmungen. Egal, ob sich zwei Kollegen laut redend und wild gestikulierend über irgendwelche vermeintlich sinnlosen Veränderungen im Krankenhaus austauschen, obzwei Patienten nebeneinander sitzen und sich mit hängendem Kopf über ihre Krankheiten und die Ungerechtigkeit der Welt unterhalten oder eine empathische Person beim Essen eingeben in voller Konzentration auf den Patienten selbst den Mund mit öffnet. Dort wo es gut läuft, werden Sie viele Ähnlichkeiten merken.

Praxistipp

Wenn Sie Zugang zu einem anderen Menschen finden wollen, schaffen Sie Ähnlichkeiten:

- **Interessen:** Vielleicht gibt es gemeinsame Interessen bezogen auf Hobbies, Beruf, Kinder oder Haustiere.
- **Körperhaltung:** Achten Sie auf eine ähnliche Körperhaltung. Stehen oder sitzen, vorgebeugt oder zurückgelehnt, aufrecht oder zusammengesunken.
- **Mimik:** Auch die Mimik kann man spiegeln. Erzählt jemand etwas mit betroffener Miene, wäre es unpassend, ihn dabei strahlend anzulächeln. Setzen Sie ein ähnliches Gesicht auf.
- **Sprache:** Ob schnell oder langsam, laut oder leise. Auch hier wird Gemeinsamkeit als angenehm empfunden.
- **Atmung:** Für die Profis – ein ähnliches Atemtempo (natürlich im gesunden Bereich) gibt in kurzer Zeit ein ganz starkes Gefühl von Nähe, vor allem wenn jemand in gedrückter Stimmung ist, da man durch die Atmung sein eigenes Tempo erhöht oder verringert und in eine vergleichbare Emotion kommt.

Manche sagen an dieser Stelle: „Aber ich kann mich doch nicht immer verstellen." Doch das ist gar nicht der Fall. Ich lade Sie ein, das einfach mal bewusst zu beobachten. In dem Moment, wo man Interesse am anderen hat, passieren diese Dinge von ganz alleine. Sie brauchen ihnen bloß eine Chance geben.

2.3 Ziel

Die meisten Ziele werden nicht erreicht,

…weil sie niemals gesetzt wurden.

Abb. 2.2 Wahrnehmung – Kontakt – Ziel

Im Gesundheitswesen ist das Thema „Ziel" sehr präsent. Im Pflegeprozess ist die Zielformulierung ein fixer Bestandteil, es werden bei Ärzten oder MTDs Therapie- oder Behandlungsziele gesetzt. In der Hygiene sollen Ziele erreicht werden, ebenso bei den Belagstagen oder den Verbrauchsmaterialien. Das Transportmittel für all diese Ziele ist die Kommunikation. In der Kommunikation wird allerdings oft vergessen, dass auch diese sehr stark von den gesetzten Zielen abhängt (Abb. 2.2). Ein Beispiel dazu:

Beispiel

Gabriele arbeitet seit vielen Jahren auf der Intensivstation. Wieder einmal ist sie mit Angehörigen konfrontiert, denen nicht klar zu machen ist, welche Vorschriften auf der Intensivstation gelten. Etwas aufgebracht, mit erhobener Stimme und tadelndem Finger erklärt sie den Angehörigen: „Sie können nicht zu fünft im Intensivzimmer sein. Das ist nicht gut für den Patienten. Sie können nicht die ganze Zeit da sein und kommen und gehen, wie es Ihnen gerade passt. So ist es schwer, eine gute Behandlung durchzuführen. Außerdem gibt's ja auch noch andere Patienten und da muss ich schon um ein wenig Rücksichtnahme bitten."

So sehr Gabriele versucht, freundlich, aber bestimmt zu sein, so sehr stellt sich die Frage, ob die Angehörigen jetzt genau wissen, was sie zu tun haben. Gabriele hat in diesem Beispiel etwas gemacht, was Sie im Alltag hundertfach beobachten können: Sie hat sehr viel darüber gesprochen, was die Angehörigen NICHT tun sollen, aber kaum etwas davon gesagt, was sie SCHON tun sollen.

Gabriele hätte für mehr Klarheit gesorgt, wenn sie gesagt hätte:

Beispiel

„Ich finde es schön, dass Sie so für Ihren Angehörigen da sind. Das ist in dieser Phase sehr wichtig. Umso mehr möchte ich Sie nochmals darum bitten, damit wir ihn und auch die anderen Patienten jederzeit gut versorgen können, dass immer nur zwei Personen und nur während der Kernbesuchszeit gleichzeitig bei ihm sind. Wenn Sie zu mehrt kommen, können die anderen in der Zwischenzeit gerne im Aufenthaltsbereich einen Kaffee trinken und sich dann abwechseln. Ist das für Sie in Ordnung?"

Schauen Sie doch einmal in den Alltag: Sie werden wesentlich mehr „Nicht-Formulierungen" als „Schon-Formulierungen" hören. Dies führt im besten Fall zu Ignoranz, im schlechtesten zu Missverständnissen und in der Folge zu schlechter Stimmung.

Übung

Finden Sie für folgende „Nicht-Formulierungen" andere Formulierungen, welche beim Gesprächspartner eine klare Vorstellung davon auslösen, was Sie von ihm wollen.

- „Wenn Sie weiter so einen hohen Blutdruck haben, werden Sie einen Herzinfarkt bekommen."
- „Wenn Sie nicht zur Physiotherapie gehen, werden wir Ihnen ein künstliches Hüftgelenk einsetzen müssen."
- „Stell den Verbandswagen doch nicht immer dort im Gang ab."
- „Sie brauchen keine Angst vor der Untersuchung zu haben. Es wird nicht weh tun."
- „Hoffentlich bin ich bei der Besprechung mit der Frau Primaria heute nicht wieder so nervös."
- „Patz beim Essen eingeben bitte nicht so viel daneben."
- „Sei nicht immer so schlampig beim Betten machen."

Mögliche positive Formulierungen finden Sie im Anhang 1.

Weiterführende Literatur

Bauer J (2006) Warum ich fühle, was du fühlst: Intuitive Kommunikation und das Geheimnis der Spiegelneurone. Heyne Verlag, München
Bauer J (2008) Prinzip Menschlichkeit: Warum wir von Natur aus kooperieren. Heyne Verlag, München
Blanchard KH, Johnson S (2002) Der Minuten Manager. 15. Aufl. rororo. Rowohlt Taschenbuch, Hamburg

Everly GS, Mitchell JT (2002) CISM – Stressmanagement nach kritischen Ereignissen: Ein neuer Versorgungsstandard bei Notfällen, Krisen und Katastrophen. facultas wuv universitätsverlag, wien

O'Connor J, Seymour J (2010) Neurolinguistisches Programmieren: Gelungene Kommunikation und persönliche Entfaltung. 20. Aufl. VAK, Kirchzarten bei Freiburg

Perren-Klingler G (2001) Debriefing – Erste Hilfe durch das Wort: Hintergründe und Praxisbeispiele. Paul Haupt, Bern

Rizzolatti G, Sinigaglia C (2008) Empathie und Spiegelneurone: Die biologische Basis des Mitgefühls. Suhrkamp Verlag, Berlin

Satir V (2004) Kommunikation. Selbstwert. Kongruenz: Konzepte und Perspektiven familientherapeutischer Praxis. 9. Aufl. Junfermann Verlag, Paderborn

3

Jeder Mensch tickt anders

Dass jeder Mensch ein wenig anders „tickt" und seine eigene Sicht der Realität hat, haben Sie vermutlich schon längst herausgefunden. Manchmal hat man das Gefühl, man redet und redet mit jemandem und redet doch an ihm vorbei. Man erklärt so gut man kann, aber es kommt beim anderen nicht an. Sehr oft liegt das an bestimmten Mustern, die jeder Mensch hat. Wenn Sie diese kennen, können Sie Ihre Ideen so aufbereiten, dass der andere sie besser begreifen kann. Sie werden besser verstanden, erreichen eher, was Sie wollen, und auch der andere fühlt sich wesentlich besser verstanden.

Ein paar dieser Muster habe ich in diesem Kapitel für Sie zusammengestellt. Ich bin überzeugt, wenn Sie die Beispiele lesen, werden Sie den einen oder anderen Kollegen, Familienmitglieder oder auch sich selbst erkennen und vielleicht verstehen, warum Sie gerade mit dieser Person so gut auskommen – oder eben nicht.

© Der/die Autor(en), exklusiv lizenziert durch Springer-Verlag GmbH, DE, ein Teil von Springer Nature 2022
A. Seidl, *Freundlich, aber bestimmt – Die richtigen Worte finden in Gesundheitsberufen*, Top im Gesundheitsjob,
https://doi.org/10.1007/978-3-662-65045-5_3

3.1   Ein Wald oder viele Bäume? – Von Überblick- und Detaildenkern

---

Beispiel

Dienstübergabe in einem Pflegeheim: Fr. Dr. Aichner berichtet: „Herr Hofmann hat sich die letzten Tage sehr verändert. Bisher hat er sich gut allein zurechtgefunden, aber momentan ist er sehr verwirrt. Sein Appetit hat nachgelassen und er liegt am liebsten im Bett. Gestern Abend hat er dann angefiebert, war tachykard und hatte eine Atemfrequenz von 20. Die Sauerstoffsättigung war bei Raumluft 90 %. Rechts basal habe ich feinblasige Rasselgeräusche gehört und im Labor zeigten sich deutlich erhöhte Entzündungsparameter. Ich habe gleich mit einer Antibiotikatherapie begonnen und eine Infusion angehängt." Ein Kollege kommt zu spät zur Dienstübergabe und fragt: „Was liegt an?" Fr. Dr. Aichner holt Luft, um ihre Zusammenfassung zu wiederholen, doch da kommt ihr ihr Kollege, Hr. Dr. Roth, zuvor und meint: „Herr Hofmann hat eine Pneumonie." Dr. Aichner denkt sich: „Der ist so oberflächlich". Dr. Roth denkt sich: „Sie ist so eine Schwätzerin."

Wer von den beiden hat jetzt recht? „In der Medizin ist es wichtig, zusammenzufassen und auf den Punkt zu kommen, um den Überblick zu bewahren", werden die einen sagen. „In der Medizin ist es wichtig, exakte und detaillierte Informationen zu geben, um alles zu berücksichtigen", werden die anderen meinen. „Auf beides kommt es an. Ausreichend Details, aber dennoch den Überblick behalten", sagen die Dritten.

Dieses erste Muster hilft Ihnen zu erkennen, mit welchen Informationseinheiten eine Person am besten umgehen kann. Mache brauchen eine Gesamtüberblick, andere spezifische Details.

Global – Der Überblick

Personen mit einem global orientierten Muster wollen Informationen im Überblick.

Es gibt eine Anekdote von einem alten Schauspieler, der die Bühne betritt, Luft holt … und den Text vergessen hat. „Oh König, mein König, die Truppen stehen vor dem Tore", flüstert ihm die Souffleuse zu. Da flüstert er zurück: „Keine Details. Welches Stück?"

Global orientierte Menschen wollen den Überblick, lesen bei Zeitungen vor allem die Schlagzeilen und wenn sie bei einem Buch wissen, worum es geht, brauchen sie es eigentlich nicht mehr lesen. Wenn sie einen global orientierten Menschen mit zu vielen Details konfrontieren, wird er je nach Persönlichkeit gedanklich abdriften, aufstehen und weggehen oder schreien wollen. Die Stärke von global orientierten Menschen liegt darin, den Überblick zu bewahren und zusammenfassen zu können, ihre Schwäche darin, dass sie Dinge übersehen.

Für einen Notarzt ist die globale Orientierung ein hilfreiches Muster, um auch bei multiplen Verletzungen den Überblick zu bewahren und schnell die wichtigsten Maßnahmen zu setzen. Bei einem guten Neurochirurgen wird man im Gegensatz dazu eine hohe Detailorientierung feststellen können.

Sprachmuster:

- „Im Wesentlichen…"
- „Auf den Punkt gebracht,…"
- „Im Großen und Ganzen…"
- „Das Wichtigste ist.,"
- Kurze Sätze
- Keine Details
- Genaue Erklärungen auf Nachfrage

Detail – Ganz konkret

Detailorientierte Menschen mögen sehr kleine Informationseinheiten – je genauer, desto lieber. Der Wald interessiert sie weniger als der einzelne Baum, da vielleicht sogar das Blatt und dessen Musterung. Ist jemand sehr detailorientiert, kann es ihm schwerfallen, sich einen Überblick zu verschaffen.

Wenn Sie für ein Anamnesegespräch mit einem global orientierten Patienten 20 min brauchen, werden Sie mit einem detailorientierten Menschen mindesten 40 min benötigen.

Sprachmuster:

- „Genau…"
- „Exakt…"
- „Außerdem…"
- „Noch dazu…"
- „Dazu ist noch zu sagen…"
- „Nicht vergessen darf man …"
- Viele Details
- Ausschmückungen
- Ergänzende Informationen

Übung

Beobachten Sie einmal bei einer Dienstübergabe, wie Ihre Kolleginnen und Kollegen Informationen aufbereiten. Sie werden ziemlich rasch erkennen, wer global orientiert ist („Patientin war in der Nacht unruhig."), wer detailorientiert ist („Die Patientin ist um 2:30 aufgewacht und über die Station spaziert. Das ist aber auch kein Wunder. Gestern Abend war ihre Tochter da und die beiden haben wieder heftig diskutiert. Es geht dabei immer wieder um die Wohnung. Das regt die Patientin dann so auf und sie kann nicht schlafen. Ich habe ihr einen Tee gegeben und ein wenig mit ihr geplaudert und sie dann wieder ins Bett begleitet und noch etwas zum Einschlafen gegeben. Als ich bei der nächsten Runde um 3:15 wieder bei ihr im Zimmer war, hat sie geschlafen.") und welche Kollegen beide Anteile haben.

Praxistipp

Geben Sie Informationen in der Menge, wie der andere sie benötigt. Speziell bei der Patienteninformation und bei der Dienstübergabe ist es sehr sinnvoll, auf dieses Muster zu achten.

Bei der **Patienteninformation** geben Sie global orientierten Patienten nur den Überblick über die nächsten Schritte und fragen Sie ihn dann, ob er noch Fragen hat.

Beispiel

„Da ist Ihr Bett. Zuerst kommt eine Kollegin, die ein paar Fragen hat und am Nachmittag der Arzt. Haben Sie für den Moment noch Fragen?"

Detailorientierten Menschen müssen Sie die Dinge sofort genauer erklären, da sie sonst das Gefühl hätten, man würde sich nicht um sie kümmern.

> **Beispiel**
>
> „Da ist Ihr Bett. Sie können sich schon umziehen und bequeme Kleidung anziehen. Wenn Sie Durst haben, steht vor dem Dienstzimmer Tee, Mineral und Säfte. In der nächsten Stunde kommt eine Kollegin vorbei und wird mit Ihnen das Anamnesegespräch führen. Da wird es darum gehen, wie es Ihnen geht und wie sich Ihr Zustand entwickelt hat, damit wir die Pflege optimal auf Sie abstimmen können. Diese Kollegin wird Ihnen dann auch die nächsten Schritte erklären. Am Nachmittag kommt der diensthabende Arzt für ein erstes Gespräch. Der wird Ihnen dann im Detail sagen, welche Untersuchungen wann gemacht werden. Haben Sie im Moment noch Fragen?"

Bei der **Dienstübergabe** ist die Empfehlung, primär in den Modus „global orientiert" zu schalten und nur einen Überblick mit den wirklich wichtigen Details zu geben.

3.2 Glaube ich mir oder glaube ich dir? – Interne und externe Referenz

> **Beispiel**
>
> Gertrude Hauer, Physiotherapeutin, arbeitet in einem neurologischen Rehabilitationszentrum. Sie hat gerade mit Herrn Mörgler, einem aus ihrer Sicht schwierigen Patienten, gearbeitet. Jeder Bewegungsablauf, den sie mit ihm zur Rehabilitation nach seinem Schlaganfall trainieren möchte, wird von ihm kritisiert. Er erklärt ihr, wie gute Physiotherapie seiner Meinung nach zu sein habe und dass eine Bewegung, die ihm weh tue, für seinen Körper nicht gut sei, so etwas sage einem doch schon der gesunde Menschenverstand. Zum Schluss meint er, Frau Hauer solle noch einmal zur Schule gehen und sich dort erkundigen, wenn sie sich nicht auskennt. Frau Hauer seufzt und freut sich darauf, dass diese Einheit in 10 min zu Ende ist.

Eine Stunde später, die nächste Einheit, der nächste Patient: Frau Mauser ist das genaue Gegenteil von Herrn Mörgler. Was immer Frau Hauer ihr sagt, macht sie sofort und widerspruchslos. Sie ist fest davon überzeugt, dass das, was Frau Hauer sagt, das richtige ist. Die Schwierigkeit ist nur, dass sie sich nicht nur von Frau Hauer überzeugen lässt, sondern auch von allen anderen. Jede Einheit, wenn sich die beiden wieder sehen, erklärt Frau Mauser, dass sie die vereinbarten Übungen doch nicht gemacht hat. „Wissen Sie, Frau Gerti, " sagt Frau Mauser dann, „ich war ja wirklich überzeugt nach unserer letzten Stunde und ich habe die Übungen gleich in meinem Zimmer ausprobiert. Es hat zwar ein wenig weh getan, aber es ist gegangen. Doch dann hat mir meine Zimmernachbarin gesagt, dass das ja nicht sein kann, dass eine Übung weh tut, dass sie Übungen bekommen hat, die nicht weh tun, und dass ich hier sicher die falschen Übungen bekommen habe. Und ich wollte ja nichts falsch machen." Es kostet Frau Hauer eine ganze Weile, bis sie Frau Mauser davon überzeugt hat, warum die Übungen doch genau richtig sind und dass sie, Frau Hauer, über 20 Jahre Erfahrung mit Reha hat und Frau Mauser im Zweifel bitte sie und nicht die Nachbarin fragen möge. Frau Mauser ist überzeugt und macht wieder mit. Gerti Hauer hofft, dass sie die nächsten Übungen alleine und ohne Zimmernachbarin macht.

Wie könnte man das unterschiedliche Verhalten zwischen Herrn Mörgler und Frau Mauser am besten beschreiben? Ich bin überzeugt, es fallen Ihnen spontan ein paar Begriffe ein, welche auf die beiden Personen passen würden. Ich möchte Sie auf einen speziellen Aspekt bezüglich Compliance hinweisen, der Ihnen helfen kann, Ihre Anweisungen so zu verpacken, dass eine andere Person eher überzeugt ist.

Interne Referenz – Ich glaube MIR

Menschen mit ausgeprägter interner Referenz sind vor allem von ihrer eigenen Sichtweise überzeugt. Wenn diese Ausprägung sehr stark ist, ist es kaum möglich, diese

Menschen zu einer anderen Meinung zu bringen. Sie selbst würden sich als „charakterstark" bezeichnen, andere würden dieses Verhalten eher als „dickköpfig" beschreiben.

Ein gutes Beispiel dazu war Konrad Adenauer, der einmal zu einem Berater die Aussage gemacht hat: „Meine Meinung steht fest. Irritieren Sie mich jetzt bitte nicht mit Fakten."

Ein guter Anteil an interner Referenz ist sehr wichtig, um eine eigene Meinung zu haben und zu ihr auch stehen zu können. Wenn diese Ausprägung jedoch zu stark wird, ist man nicht mehr offen für Anregungen und Ideen und nimmt sich selbst die Chance, zu wachsen.

Um einen Menschen mit interner Referenz dennoch überzeugen zu können, muss man in die rhetorische Trickkiste greifen. Die besten Reaktionen erhält man, wenn man dem anderen die eigenen Argumente „in den Mund legt"-

Sprachmuster:

- „Sie wissen natürlich ganz genau, dass ... "
- „Bei Ihrer Erfahrung wird es Ihnen vermutlich klar sein, dass ..."
- „Sie wissen selbst am allerbesten, wie wichtig es ist, dass ..."
- „Niemand kann Ihnen sagen, was Sie machen müssen. Aber ich denke, dass Sie für sich ohnehin erkennen, dass ..."

Auf die Argumentation: „Sie wissen natürlich selber genau, wie wichtig es ist, dass..." kann jemand mit starker interner Referenz nicht gut sagen: „Nein, das weiß ich nicht", da dies sein gesamtes Selbstbild in Frage stellen würde. Er MUSS alles selbst am besten wissen und das ist Ihre Chance.

Herr Mörgler ist ein Patient mit starker interner Referenz. Zu ihm hätte Frau Hauer sagen können, nachdem er sich über die Schmerzen beklagt hat:

Beispiel

„Das ist sehr gut, dass Sie so auf Ihren Körper achten. Sie wissen natürlich selbst am allerbesten, wo Ihre Grenzen sind, was im Moment möglich ist und was noch nicht. Und ich denke, ich brauche Ihnen nicht extra zu sagen, dass genau dann, wenn es anfängt, anstrengend zu werden und vielleicht sogar unangenehm ist, Sie beginnen, diese Grenzen zu überwinden und Ihr Körper dadurch wieder ein kleines bisschen mehr beweglich und somit wieder gesünder wird … Niemand kann Ihnen sagen, dass Sie eine Übung machen sollen, das können nur Sie entscheiden. Nur denke ich, dass Sie schon öfters mal in Ihrem Leben herausgefunden haben: Wenn man die Zähne zusammenbeißt, wenn es anstrengend wird, dann erreicht man mehr, als man gedacht hätte, oder?"

Externe Referenz – Ich glaube DIR

Menschen mit einer externen Referenz, so wie Frau Mauser im Beispiel, orientieren sich sehr an der Meinung anderer. Es ist ihnen wichtig, was andere über sie denken und sie versuchen, anderen zu entsprechen. Während eine Person mit interner Referenz ihre Kleidung danach wählt, was ihr selbst gefällt oder bequem ist, frei nach dem Motto. „Wem es nicht gefällt, braucht ja nicht hinzusehen", wird eine Person mit externer Referenz etwas bereits dann nicht mehr anziehen, wenn sie nur den Eindruck hat, dass es jemanden nicht gefallen hat.

> **Beispiel**
>
> Es gibt die Geschichte von der Frau, die den Arzt zum Sterbebett ihres Mannes holt. Der Arzt untersucht den Mann und meint zur Frau: „Es tut mir leid, ich muss Ihnen mitteilen, dass Ihr Mann verstorben ist." Da flüstert der Mann mit schwacher Stimme: „Ja, aber ich bin doch noch gar nicht tot." Daraufhin funkelt ihn seine Frau böse an und zischt ihm zu: „Wirst du wohl eine Ruhe geben. Glaubst du wirklich, du kennst dich da besser aus, als der Herr Doktor?"

Menschen mit externer Referenz glauben an Autoritäten, Studien, Erfahrungsberichte. Sie glauben, was in der Zeitungen steht, was die Nachbarin erzählt und lassen sich von einem Werbeprospekt überzeugen, der behauptet, dass 4500 zufriedene Kunden genau dieses Präparat zur Stärkung der Knochen genommen haben, speziell, wenn die Wirksamkeit auch der berühmte Professor Stuhlhofer bestätigt.

Ein gewisses Maß an externer Referenz ist sehr gut und wichtig, um offen für Kritik, Ideen oder Anregungen zu sein. Ein zu hohes Maß an externer Referenz lässt Menschen jedoch schnell an ihrer eigenen Meinung zweifeln und diese ändern. Im Alltag erscheinen sie dann wie das berühmte Fähnchen im Wind.

Formulierungen, die Menschen mit einer externen Referenz verwenden, sind:

- „Professor Schmidt hat nachgewiesen, dass …"
- „Meine Zimmernachbarin hat mir erzählt, dass … und deshalb …"
- „Die Nichte meiner Nachbarin hat das auch erlebt. Bei der war es so und darum glaube ich, dass …"
- „In der Zeitung haben sie geschrieben, dass …"

Wenn Sie jemanden mit externer Referenz von der Wichtigkeit einer Behandlung überzeugen wollen, ist es wichtig, Erfolgsbeispiele aufzuzählen.

Sprachmuster:

- „Wir haben viele Patienten, die sehr gut auf dieses Präparat reagiert haben."
- „Viele meiner Klienten haben genau mit dieser Behandlung in erstaunlich kurzer Zeit ihre Beweglichkeit wieder herstellen können."
- „Bei uns an der Klinik wird viel Forschung betrieben und gerade Professor X ist eine Koryphäe auf diesem Gebiet."
- „Reden Sie mit Ihrer Zimmernachbarin. Die hat etwas ganz Ähnliches und jetzt geht es ihr wieder gut."

Um Frau Mauser aus dem Beispiel die Richtigkeit der Behandlung klar zu machen, hätte es Frau Hauer auf diese Art versuchen können:

Beispiel

„Es ist großartig, dass Sie sich erkundigen und diese Informationen sind auch sehr wichtig. Ich hatte in den letzten Jahren sehr viele Klienten mit den Symptomen, die auch Sie haben, und einige der Methoden ausprobiert, von denen Sie gerade erzählten. Aus der Erfahrung mit all diesen Klienten habe ich erkannt, dass diese Therapie und diese Übungen, die wir gerade machen, der allerschnellste Weg sind, um wieder gesund und beweglich zu sein. Es ist nicht immer angenehm, aber glauben Sie mir, ich mach das seit vielen, vielen Jahren: Das ist der schnellste Weg, um bald wieder auf den Beinen zu sein. Bis zum nächsten Mal machen Sie diese Übungen unbedingt, egal was die anderen sagen. Ist das in Ordnung? Und wenn Sie sich nicht sicher sind, rufen Sie mich sofort an. Ich bin jeden Tag zwischen 8 und 16 Uhr hier.

Auch für dieses Muster gilt, dass wenige Menschen sehr stark auf der einen oder anderen Seite der Skala sind. Doch wenn Ihnen an der Sprache Ihres Gegenübers auffällt, dass Sie mit einer Person mit starker interner oder externer Referenz zu tun haben, dann achten Sie bewusst auf *Ihre* Sprache. Sie werden sich vieles erleichtern.

Übung

1. Übersetzen Sie folgende Sätze in „interne Referenz":
   - „Ich empfehle Ihnen diese Therapie. Es haben sehr viele Patienten gesagt, dass sie ihnen sehr gut getan hat."
   - „Es gibt gesetzliche Vorschriften, die klar festhalten, wie eine Wunddokumentation zu erfolgen hat, und ich erwarte, dass Sie sich daran halten."
   - „Ich möchte, dass Sie jetzt zu den Angehörigen gehen und dieses Missverständnis auf der Stelle aufklären."
2. Übersetzen Sie folgende Sätze in „externe Referenz":
   - Im Restaurant: „Du wirst doch selbst wissen, worauf du Lust hast!"
   - Stationsleitung zur Pflegeperson, die nicht weiß, in welche Richtung sie sich entwickeln soll: „Nehmen Sie Ihr Leben doch selbst in die Hand!"
   - Arzt zum Patienten: „Nehmen Sie dieses Medikament!"

Lösungsvorschläge finden Sie im ▶ Anhang 2.

3.3   Alles zugleich oder eines nach dem anderen? – Möglichkeiten und Prozesse

Beispiel

Susanne Lampler sitzt mit dem Administrator des neuen EDV-Dokumentationsprogrammes zusammen, um sich das Programm erklären zu lassen. Der Administrator beginnt die Einschulung: „Nun, bevor ich Ihnen erkläre, wie Sie eine Wunddokumentation anlegen, möchte ich Sie zuerst über ein paar grundlegende Funktionen des Programmes aufklären." Frau Lampler meint: „Ich will keine Aufklärung über grundlegende Funktionen des Programmes, ich will nur wissen, wie ich eine Wunddokumentation anlege." Worauf der Administrator meint: „Nun, dazu haben Sie mehrere Möglichkeiten." Frau Lampler unterbricht ihn wieder: „Ich möchte nicht mehrere Möglichkeiten, ich möchte die eine richtige und korrekte Möglichkeit, wie ich einsteige und eine Wunddokumentation mache." Der Administrator holt tief Luft und sagt: „Nun. Je nachdem, ob Sie über ein Foto, das Sie einspielen, direkt in den Wunddokumentationsordner einsteigen oder über den Pflegebericht des Patienten einsteigen." Frau Lampler merkt, wie ihr Blutdruck langsam steigt und sagt: „Jetzt sagen Sie mir doch einfach: Wenn ich eine Wunddoku anlegen möchte, wie mache ich es?" Der Administrator sagt seufzend: „Nun ja, es kommt darauf an …"

Vielleicht haben Sie diesen oder einen ähnlichen Dialog in der Praxis schon einmal erlebt. Vielleicht verstehen Sie Frau Lampler und denken sich: „Das kommt mir vertraut vor", vielleicht liegt auch der Administrator mehr auf Ihrer Wellenlänge und Sie verstehen seine Seufzer. Auch bei der Art der Informationsstruktur im Denkprozess von Menschen gibt es wieder zwei grundlegende Arten.

Optionsorientiert – Alles zugleich

Optionsorientierte Menschen wollen Auswahlmöglich-keiten. Wenn es den perfekten und korrekten Weg gibt, um etwas zu machen, werden sie sofort motiviert sein, einen noch besseren oder wenigstens anderen Weg zu finden, wie man's machen kann. Wenn man ihnen sagt: „Die Dokumentation hat auf diese Art zu geschehen", werden sie fragen: „Ja, aber kann man es nicht auch so machen?" Und wenn man ihnen sagt: „Du pflegst heute Herrn Müller und mit dem wirst du auch gleich beginnen", wird er sagen: „Ich werde mich jedenfalls auch um Frau Schmidt kümmern und schauen, wie ich es mir dann einteile."

Ein optionsorientierter Mensch wird immer Alter-nativen haben, Alternativen anbieten und Alternativen einfordern. Wenn Sie einen Optionsorientierten fragen: „Worauf hast du heute Lust, dass wir essen?", dann sagt er: „Italienisch wäre gut, wir könnten aber auch zum Chinesen gehen." Wenn Sie fragen: „Was willst du heute Nachmittag machen?", dann wir er sagen: „Ins Kino gehen oder zu Hause bleiben, das stell ich mir auch gemütlich vor." Sie werden immer Alternativen bekommen.

Die Stärke von optionsorientierten Menschen liegt darin, dass sie kreativ Lösungen für anstehende Probleme finden, es schaffen, auch ausgetretene Pfade zu verlassen und einen frischen Wind in alte Strukturen bringen. Die Schwäche ist, dass sie viele Ideen gleichzeitig verfolgen und dann Schwierigkeiten haben, die Dinge auch zu Ende zu bringen. Auch fällt es optionsorientierten Menschen schwer, sich zu entscheiden. Jede Entscheidung *für* etwas ist eine Entscheidung *gegen* etwas anderes. Hatte die Person vor der Entscheidung Wahlmöglichkeiten, sieht sie nachher keine mehr und das möchte sie mit aller Kraft verhindern.

Sie erkennen optionsorientierte Menschen daran, dass sie nach Alternativen fragen, stets mehrere Möglichkeiten anbieten und Vereinbarungen hinterfragen.

Sprachmuster:

- „Sie können das so oder so machen"
- „Entweder – oder"
- „Und wie wäre es, wenn…"
- „Kann man nicht auch…"

Wenn Sie einen optionsorientierten Menschen dazu bringen wollen, sich zu entscheiden, lassen Sie ihm die Hintertür offen, dann wird er bereit sein, etwas Neues zu probieren. Hilfreiche Phrasen sind hier:

- „Wir probieren das jetzt für zwei Wochen auf diese Art und dann überlegen wir, ob wir dabei bleiben oder es anders machen."
- „Wenn wir es so machen, haben wir dann immer noch die Möglichkeit, dass wir jederzeit…"
- „Zuerst schauen wir einmal, wie das funktioniert, und dann erst werden wir uns entscheiden."
- „Sammeln wir zuerst alle Möglichkeiten und überlegen wir dann, welche wir nehmen."
- „Wir haben mehrere Optionen, überlegen wir gemeinsam, welche für Sie am besten passt."

Prozessorientiert – Eines nach dem anderen
Das Gegenteil von optionsorientierten Menschen sind prozessorientierte. Für sie haben Dinge einen Anfang, ein Ende und dazwischen definierte Schritte. Der Pflege-prozess erfordert ein klar definiertes, prozessorientiertes Vorgehen. Zuerst die Anamnese, dann die Diagnose,

Erheben von Ressourcen, Setzen von Zielen, Planen von Maßnahmen, Evaluation zu einem festgelegten Zeitpunkt.

Optionsorientierte Menschen findet man in der Forschung, prozessorientierte Menschen findet man in der Umsetzung. Speziell das Gesundheitswesen ist sehr prozessorientiert. Es gibt Standards, Formulare, Checklisten, Protokolle, definierte Abläufe.

Prozessorientierte Menschen lieben klare Abläufe, SOP's, Schritte und Strategien. Auf sie kann man sich verlassen, sie werden Dinge konsequent, kontinuierlich und so wie vereinbart machen und ihr Ziel auch erreichen. Bei sehr starker Ausprägung besteht die Gefahr, dass sie unflexibel wirken. Wenn man die gewohnte Routine blockiert, wissen sie nicht, wie es nun weitergeht und weigern sich, es auf eine andere Art zu machen. Auch in Veränderungsprozessen leisten stark prozessorientierte Personen mehr Widerstand als optionsorientierte. In diesen Situationen gilt es, durch klare Prozessabläufe Sicherheit zu vermitteln.

Prozessorientierte Menschen lieben klare Aussagen und Pläne, bei denen eines nach dem anderen passiert und das Ende möglichst exakt definiert ist.

Sprachmuster:

- „Zuerst … dann … danach…"
- „Machen wir zuerst einen Plan."
- „Es gibt einen erprobten Weg, der sieht folgendermaßen aus: …"
- „Der Behandlungsplan schaut folgendermaßen aus: …"
- „Der Ablauf der heutigen Sitzung ist so …"

Übung

Überlegen Sie sich jeweils für einen optionsorientierten Menschen und für einen prozessorientierten Menschen folgende Aufgabenstellung:

1. Erklären Sie einem neuen Mitarbeiter Ihr Dokumentationssystem.
2. Erklären Sie dem typischen Patienten auf der Station Ihren Therapieplan.
3. Beschreiben Sie den Weg von Ihrem Arbeitsplatz zu Ihnen nach Hause.

Praxistipp

Speziell, wenn es darum geht, mit Patienten den Behandlungsplan festzulegen und mit Kollegen die Abläufe von Aufgaben zu klären, ist es hilfreich, auf dieses Muster Rücksicht zu nehmen.

Wenn Sie zu mehreren Menschen sprechen und davon ausgehen müssen, dass Sie sowohl prozess- als auch optionsorientierte Zuhörer haben, verwenden Sie in Ihrer Sprache beide Muster parallel. Das kann dann so klingen: „Bei der Einführung der neuen Dokumentationssoftware gibt es bereits einen klaren Plan: in der zweiten Jännerhälfte gibt es eine Veranstaltung, wo das System im Überblick vorgestellt wird. Im Februar und März werden Schulungen abgehalten, wo wir die genauen Funktionen und die praktische Anwendung erklärt bekommen. Danach gibt es bis Juli eine Testphase, wo wir in sicherem Rahmen das neue Programm ausprobieren können. Wenn uns da noch etwas auffällt, können wir es der Firma rückmelden und sie nehmen auch noch Änderungen vor und adaptieren es auf unsere speziellen Bedürfnisse. Somit sollten wir uns alle gut auskennen, wenn im September das neue System ausgerollt wird.

3.4   Zuckerbrot und Peitsche – „Hin zu" oder „weg von"

Beispiel

Hermann Breier, ein 41-jähriger Patient, mit Herzrhythmusstörungen unklarer Anamnese, der unter zunehmender Kurzatmigkeit leidet, sagt zur untersuchenden Ärztin: „Mir ist es vor allem wichtig, wieder gut Luft zu bekommen und Sport betreiben zu können. Das hält mich fit. Nur wenn ich gesund bin, kann ich auch für meine Familie da sein". Die Ärztin hört ihm zu, nickt und meint: „Vor allem schauen wir jetzt einmal, wo die Arrhythmie herkommt. Wenn wir das Problem gefunden haben, können wir es leichter lösen, und sie wollen ja auch, dass sie nicht mehr diese Einschränkungen im Alltag haben." Herr Breier seufzt, nickt und senkt den Blick.

Was hat Herr Breier so demotiviert? Dass er ein Problem hat, das es zu lösen gibt, war ihm schon vorher bewusst.

Die Ursache liegt in der Richtung der Motivation. Es gibt bei der Motivation zwei grundsätzliche Richtungen. Im Volksmund sind sie als „Zuckerbrot" und „Peitsche" bekannt. Manche Menschen kann man mit Belohnung anspornen, andere durch Strafandrohung. Die einen räumen auf, damit sie sich wohl fühlen, die anderen, damit sie sich nicht genieren, wenn der Besuch kommt. Die einen wollen gesund sein, die anderen nicht mehr krank sein. Die eine Motivationsrichtung nennt man auch „hin zu" etwas (Ziel erreichen), die anderen „weg von" etwas (Problem vermeiden). Wenn Sie diese beiden Richtungen erkennen, werden Sie sich in vielen Fällen viel leichter tun, Menschen zu motivieren (dieses Argument für alle „hin zu"-orientierten Leser) und sich viele mühsamen Diskussionen ersparen (dieses Argument für alle „weg von"-orientierten Leser).

„Hin zu"-Orientierung: Was willst du schon?

„Hin zu"-orientierte Menschen sind auf ihr Ziel konzentriert. Sie sind motiviert, etwas zu erreichen und haben Freude daran, etwas geschafft zu haben. Für sie ist eine Belohnung, ein Erfolg, eine Erleichterung oder eine Verbesserung ein Ansporn, der ihnen Energie gibt. Durch die klare Ausrichtung können sie gut mit Prioritäten umgehen.

Bei sehr starker Ausprägung kann die Fokussierung auf ein Ziel dazu führen, dass sie Probleme am Weg übersehen. Sie ignorieren Stolpersteine und sind von einer Idee hellauf begeistert.

Sehr erfolgreiche Menschen haben etwa 90 % Zielorientierung und 10 % Problemorientierung. Aus ihrer Sicht ist es ausreichend zu verstehen, was das Problem ist, statt darüber zu jammern, und dann die Energie für das Finden einer Lösung zu verwenden.

Sprachmuster:

- „Dann haben wir mehr Zeit für eine kurze Pause zwischendurch."
- „Dann werden Sie wieder gut Luft bekommen und sich wohl fühlen."
- „Dieses Programm beschleunigt Ihre Doku und lässt Ihnen mehr Zeit für Ihre Patienten."
- „Wir wollen, dass die Zusammenarbeit gut funktioniert."
- „Ich möchte stolz auf meine Arbeit sein."
- Worte wie: erreichen, ermöglichen, schaffen, bekommen, haben, Vorteil, Ziel, Lösung, Ergebnis, Gesundheit

„Weg von"-Orientierung: Was willst du nicht?

„Weg von"-orientierte Menschen wollen keine Probleme haben. Sie sehen mögliche Probleme am Horizont und werden alles tun, um diese negativen Konsequenzen zu vermeiden. Wenn sie einen Nachteil befürchten, sind sie hoch motiviert, etwas zu tun, um das zu vermeiden.

„Weg von"-orientierte Menschen lassen sich daher bei ihrer Arbeit leicht von plötzlich auftretenden Problemen oder Störungen ablenken. Wenn es etwas zu reparieren gibt, jemand Unterstützung braucht oder es etwas in Ordnung zu bringen gibt, sind sie sofort da, um dies zu tun, und lassen die eigene Arbeit liegen. Problemvermeidung ist ihnen wichtiger als Zielerreichung.

Sprachmuster:

- „Diese Schlampigkeit muss aufhören."
- „Ich muss was gegen diese Schmerzen tun."
- „Wir wollen schließlich keine Probleme bei der nächsten Pflegeeinschau."
- „Der muss aufpassen, dass er sich nicht blamiert."
- „Unser Defizit muss verringert werden."
- Worte und Phrasen wie: Problem, vermeiden,, damit nicht mehr, es kann nicht sein, ich möchte nicht, verhindern, Krankheit …

Das Gesundheitssystem

Interessant ist, dass das westliche Gesundheitssystem (unabhängig von den Mustern der einzelnen Personen) eine starke „weg von"-Orientierung hat. Es stehen die Defizite im Mittelpunkt. Es geht um das Finden von Ursachen, das Beseitigen von Symptomen, das „weg von" der Krankheit, daher haben wir – auch wenn sie jetzt immer öfter umbenannte werden – immer noch

Krankenhäuser und keine Gesundungshäuser. Speziell in der Akutmedizin ist das sehr sinnvoll, wenn es darum geht, Schmerzen zu beenden, Blutungen zu stoppen oder das Ausweiten einer Erkrankung zu verhindern. In der östlichen Medizin liegt der Fokus stärker auf der Harmonisierung des Körpers und seiner Energien. Wenn Sie Vertretern dieser beiden Richtungen bei einer Fachdiskussion zuhören, werden Sie sehr oft erkennen können, wie diese beiden Muster aufeinander treffen.

Was motiviert Sie, eine Arbeit zu tun?

- Warum haben Sie früher in der Schule gelernt? Um gute Noten zu haben und dadurch Belohnungen, mehr Freizeit oder später einen guten Start in Ihren Beruf sicherstellen zu können? Oder um schlechte Noten oder ein Durchfallen zu vermeiden, um keine Probleme zu bekommen?
- Warum dokumentieren Sie? Weil es wichtig und wertvoll ist und es hilfreich ist, wenn jeder im Team jederzeit nachlesen kann, was mit welchem Patienten passiert ist? Oder, damit Sie keine Probleme bekommen und die Vorgesetzte nicht wieder schimpft oder Sie am Ende gar rechtliche Probleme bekommen?
- Warum machen Sie eine Diät? Um wieder schlank zu sein und sich wohl zu fühlen? Oder um nicht mehr zu dick zu sein und sich unwohl zu fühlen?
- Warum leben Sie in Ihrer derzeitigen Beziehung? Weil es glücklich und inspirierend ist oder weil Sie keine Lust haben, alleine zu leben?

Ihnen ist sicher aufgefallen, dass man auf all diese Fragen entweder eine hin-zu- oder eine weg-von-Antwort geben kann. Oft sind die Antworten auch gemischt und enthalten beide Aspekte:

- „Ich lebe in meiner Beziehung, weil wir zusammen viele Dinge unternehmen, die Spaß machen und es alleine auch ziemlich fade wären."
- Für alle unter Ihnen, die mit der feinen Klinge der Sprache spielen wollen, noch ein spannender Hinweis: Ganz viele Menschen haben in ihrer Motivation und dadurch in ihrer Argumentation eine immer gleich bleibende Abfolge von „weg von" und „hin zu". Die gemischte Antwort von eben war eine Abfolge von „hin zu" (…Dinge unternehmen, die Spaß machen…) und anschließend ein „weg von"-Argument (…alleine fade wäre…). Mit hoher Wahrscheinlichkeit würde diese Person auch in anderen Situationen ihre Argumente nach dieser Struktur aufbauen: „Ich möchte die Behandlung, damit ich wieder gut gehen kann (hin zu) und es mittlerweile wirklich mühsam ist, dass ich kaum mehr Stiegen steigen kann (weg von)". Wenn Sie ihr eine Idee vorschlagen, ist es hilfreich, ihr dieses Muster zurückspiegeln: „Ich denke dass diese Behandlung eine schnelle Verbesserung bringt (hin zu), weil dieser Zustand ist ja wirklich unerträglich (weg von)".

Sie merken schon, je besser Sie die Richtung der Motivation erkennen und Sie Ihre Argumente entsprechend auswählen, umso leichter wird es Ihnen fallen, Menschen zu etwas zu motivieren.

Achten Sie darauf, wie Ihre Kollegen und Patienten oder Bewohner argumentieren, wenn sie sagen, warum ihnen etwas wichtig ist. Sie können auch selbst fragen: „Warum ist dir das wichtig?" Lassen Sie sich überraschen, wie sehr Ihre Bekannten „hin-zu"- oder „weg von"-orientiert oder doch ausgeglichen antworten.

Übung

Übersetzen Sie folgende Aussagen von „weg von" nach „hin zu".

- „Sie können nicht bis zum Mittag im Bett bleiben. Dann schaffen Sie es nicht, alle Therapien durchzuziehen. Sie werden so nie gesund."
- „Wir können keine Mitarbeiter aufnehmen, da wir sonst unser Budget überschreiten und dann Probleme mit dem Träger bekommen würden."
- „Wenn wir noch länger herumtrödeln, dann werden wir zu spät kommen."

Übung

Übersetzen Sie folgende Beispiele von „hin zu" nach „weg von".

- „Sie müssen dieses Medikament einnehmen, damit Sie in der Nacht wieder frei durchatmen können."
- „Wir wollen die Wartezeiten verkürzen, damit die Patientenzufriedenheit in der Ambulanz steigt."
- „Ich bereite den Vortrag bereits jetzt vor, damit ich rechtzeitig fertig bin, ihn überarbeiten kann und dann wirklich einen großartigen Vortrag halte."

Mögliche Lösungen ▶ Anhang 3.

3.5 Fazit

Diese Muster sind eine kleine Auswahl, es gibt zahlreiche weitere zu beobachten. Diese vier bilden jedoch bereits eine gute Basis, um in Schlüsselsituationen auf die andere

Person adäquat reagieren zu können. Viele Spannungen zwischen Menschen sind unnötig, da es keine inhaltlichen Differenzen gibt. Viele der atmosphärischen Differenzen liegen in der unterschiedlichen Art, Informationen zu verarbeiten. Sie werden bemerken, dass Sie in vielen Situationen erfolgreicher sein werden und leichter einen Zugang zur Welt des anderen finden.

Beginnen Sie mit einem der Muster und gehen Sie nur mit offenen Ohren und neugierig durch den Tag. Legen Sie sich auf die Lauer, wo Ihnen dieses eine Muster begegnet. Beobachten Sie Gespräche und erkennen Sie, ob dieses Muster bei beiden Gesprächspartnern übereinstimmt oder ob Menschen aneinander vorbei reden. Sie können auch darauf achten, ob Sie einen Zusammenhang zwischen diesem Muster und bestimmten Bewegungen (Gestik) erkennen können. Als Ansporn: Es gibt klare Unterschiede und wenn Sie diese erkannt haben, können Sie quer über die Station erkennen, wie ein neuer Kollege oder ein eben aufgenommener Patient tickt und wie sie auf ihn zugehen, um einen guten gemeinsamen Start hinzulegen.

Weiterführende Literatur

Blanchard KH, Johnson S (2002) Der Minuten Manager, 15 Aufl. rororo

Charvat SR (1998) Wort sei Dank. Junfermann Verlag, Paderborn, Von der Anwendung und Wirkung effektiver Sprachmuster

4

Beschwerde als Chance

Beispiel

Die Augenambulanz ist an diesem Montagmorgen wieder zum Bersten gefüllt. Patienten brauchen vom Erscheinen in der Ambulanz bis zum Verlassen einige Stunden. Herr Meier, ein Patient dieser Ambulanz, der auf seine Untersuchung wartet, hat am Wochenende ein immer röter werdendes und stark juckendes Auge bekommen. Da er einen Arbeitsplatz vor einem Computerbildschirm hat, möchte er das abklären lassen und eine Linderung des Juckreizes. Er arbeitet an einem wichtigen Projekt, dessen Abgabe vor der Tür steht. Aus diesem Grund ist es Herrn Meier wichtig, so schnell wie möglich an seinen Arbeitsplatz zu kommen. Während er wartet nimmt er wahr, wie sich die Ambulanz kontinuierlich füllt. Er beobachtet, wie Patienten kommen, sich anmelden, aufgerufen werden, in einen der Untersuchungsräume gehen. Es erscheint ihm, dass so manche Patienten, die nach ihm gekommen sind, vor ihm dran kommen. Was er nicht weiß ist, dass die Menschen im Warteraum zu unterschiedlichen Untersuchungen kommen und es je nach Untersuchung

A. Seidl, *Freundlich, aber bestimmt – Die richtigen Worte finden in Gesundheitsberufen*, Top im Gesundheitsjob, https://doi.org/10.1007/978-3-662-65045-5_4

43

unterschiedliche Wartezeiten gibt. Herr Meier beginnt sich langsam zu ärgern. „Das darf doch nicht wahr sein", denkt er, „Was ist hier bloß los? Vielleicht kennen die Leute, die schneller drankommen, irgendjemanden und werden daher bevorzugt behandelt. Was ist das eigentlich für ein System, wo man keine ordentliche Untersuchung bekommt, ohne jemanden zu kennen? Im Krankenhaus sollten doch alle Menschen gleich behandelt werden. Das ist wirklich unglaublich." Während Herr Meier sitzt und diese Gedanken durch seinen Kopf gehen merkt er, wie er immer wütender wird. „Nein", denkt er sich: „So etwas kann man sich nicht gefallen lassen, da muss man schon einmal nachfragen." Er geht zur Ambulanzmitarbeiterin. Mit beherrschter Stimme, die seinen Ärger nicht verstecken kann, fragt er die Mitarbeiterin der Ambulanz: „Sagen Sie, wie lange dauert es eigentlich noch?" Die Mitarbeiterin, ohne von ihrem Computer aufzusehen, antwortet: „Sie werden aufgerufen, ein bisschen wird es noch dauern." Herr Meier antwortet zornig: „Das merk ich, dass es ein bisschen dauert. Ich bin ja auch schon eine ganze Weile hier. Aber da kommen Leute nach mir und gehen vor mir hinein. Was ist denn das eigentlich für ein System bei euch?" Die Ambulanzmitarbeiterin blickt auf, schaut Herrn Meier an und sagt: „Jetzt machen Sie hier bitte keinen Aufstand und warten Sie, bis Sie aufgerufen werden wie alle anderen auch." Herrn Meier liegen einige Antworten auf der Zunge, die er gerne sagen würde; das verbietet ihm aber der Anstand, so geht er wieder zurück auf seinen Platz und beginnt mit dem Patienten neben sich zu reden. „Warten Sie auch schon so lange? Das ist wirklich eine Frechheit hier." Die Ambulanzmitarbeiterin bemerkt, wie sich die Stimmung in der Ambulanz zusehends aufheizt. „Heute sind die Patienten wieder unmöglich. Immer das gleiche am Montag", denkt sie sich.

Beschwerden sind ein vielschichtiges Thema, mit dem man Tag für Tag konfrontiert wird. Es geht nicht nur um Beschwerden von Patienten sondern genauso von Angehörigen, von Vorgesetzten, von Mitgliedern anderer Berufsgruppen, auch von Kollegen. Und oft ist die Grenze zwischen einer sachlichen Beschwerde, einer Frage, einem

Vorwurf, einem Angriff oder einer Beleidigung sehr verschwommen. Umso wichtiger ist es, dass man mit all diesen Formen von Fragen, Angriffen, Beschwerden oder Vorwürfen gut und souverän umgehen kann. In diesem Kapitel soll der Schwerpunkt auf der Beschwerde liegen. Im nächsten Kapitel wird es um Angriffe, Vorwürfe, Beleidigungen und unsachgemäße Attacken gehen.

Ein kleines Wortspiel
Eigentlich sollte man nicht von der „Be-schwerde" sondern der „Ent-schwerde" sprechen. Wenn jemanden etwas stört, belastet ihn das auf die eine oder andere Art. Es steckt die Last, die er dadurch trägt, bereits in der Formulierung. Es ist somit der *Vorfall,* der jemanden „beschwert" (schwerer macht, auf ihm lastet). Hat man die Chance, das mit jemanden zu besprechen, der das Gefühl vermittelt, einen zu verstehen und gemeinsam nach einer Lösung sucht, ist einem „leichter" (wieder so ein Gewichts-wort). Man hat sich somit „ent-schwert". Je leichter es für Menschen in einem Krankenhaus ist, sich zu „ent-schweren", umso besser wird die Stimmung. Die Menschen sind erleichtert und fühlen sich besser. Das gilt übrigens nicht nur für Patienten oder Angehörige, sondern im gleichen Maß für Mitarbeiter.

4.1 Wieso sind Beschwerden wichtig?

Beschwerden sind wichtig, sie zeigen jedoch immer nur die Spitze des Eisberges.

Eine Telefonumfrage in den USA unter 3000 Menschen über deren Zufriedenheit mit Dienstleistungen (incl. Dienstleistungen im Gesundheitswesen) hat gezeigt, dass sich nur lediglich 1/27tel aller Menschen, die einen Beschwerdegrund gehabt hätten, auch tatsächlich beschwerten. Es ist nicht genau bekannt, wie dieses Verhältnis im Gesundheitswesen in Österreich ist, aber ein wichtiger Aspekt ist sicherlich, dass kranke Menschen weniger Selbstbewusstsein haben als Gesunde, da es in der Krankheit häufig zur Regression kommt. Hinzu kommt, dass viele Patienten Angst haben, schlechter behandelt zu werden, wenn sie oder ihre Angehörigen sich beschweren. Man kann also davon ausgehen, dass ein Patient, der sich beschwert, stellvertretend für viele andere spricht.

Gutes Beschwerdemanagement ist ein Zeichen von „Leistungsbereitschaft" einer Organisation:

Menschenorientierung
Patienten ernst zu nehmen, ist ein ethisches Grundprinzip; auch dann, wenn etwas nicht so läuft, wie wir es vielleicht gerne hätten. Beschwerden dürfen auf keinen Fall negiert werden, da sich die Beschwerdeführer sonst unverstanden fühlen und versuchen, an nächst höherer Stelle Verständnis für ihr Anliegen zu finden. Für gewöhnlich steigt aber der Ärger mit jedem Ansprechpartner, der einen als Beschwerdeführer nicht ernst nimmt, und es wird immer schwieriger, die Sache im Guten zu regeln. Das Schaffen von Lösungen, die für beide Seiten in Ordnung sind, sollte daher eines der obersten Ziele von effizientem Beschwerdemanagement sein.

In vielen Krankenhäusern, Pflegeeinrichtungen und anderen Gesundheitseinrichtungen steht „Patientenorientierung" groß im Leitbild. Gerade Beschwerdesituationen sind eine gute Möglichkeit, herauszufinden, ob das ernst gemeint ist – ob die „Leistungsbereitschaft" auch dann gilt, wenn es Probleme gibt. Mit freundlichen Patienten, die von gutgelaunten Angehörigen besucht werden, ist es ziemlich einfach, einen guten Kontakt zu pflegen. Wahre Patientenorientierung zeigt sich, wenn es einmal hoch hergeht und die Emotionen steigen. Dann eine für alle passende Lösung zu finden, ist gelebte Patientenorientierung.

Es geht jedoch nicht nur um die Patienten. Auch wie mit **Mitarbeitern** umgegangen wird, die Beschwerden entgegennehmen und weitertragen bzw. über die es Beschwerden gibt, zeigt, wie sehr eine Organisation bereit ist, sich zu entwickeln. Es muss Ziel sein, Mitarbeiter, die mit Beschwerden konfrontiert sind, nicht zu kritisieren, sondern ein Klima zu schaffen, in dem jeder Mitarbeiter ermutigt ist, Patientenbeschwerden mitzuteilen. Ähnlich der Patientenorientierung ist Mitarbeiterorientierung in vielen Organisationen ein hoher Wert. Auch das ist in sonnigen Zeiten leicht umzusetzen. Wenn die Wellen jedoch höher schlagen und tatsächlich etwas passiert ist, dann hat jede Organisation die Chance, zu zeigen, dass sie wirklich zu ihren Leuten steht und nicht bloß schöne Reden schwingt.

Öffentlichkeitsarbeit

Da Krankenhäuser keine Werbung betreiben dürfen, ist Mundpropaganda – immer stärker über soziale Netzwerke – ein besonders wichtiger Faktor in ihrer Öffentlichkeitsarbeit. Dazu ist wesentlich zu erkennen, dass sich Schlechtes in der Regel schneller verbreitet als Gutes. Deshalb wird auch schlechtes Beschwerdemanagement schnell seine Kreise ziehen, dies eben über schlechte Mundpropaganda und kritische Posts. Mundpropaganda ist auch deshalb so effizient, da man Freunden glaubt. Mundpropaganda ist somit ein absolut wirksamer und wahrscheinlich der einzig greifende Werbeträger im Gesundheitswesen. Durch Mundpropaganda wird der Ruf eines Spitals gebildet, unterstützt und propagiert.

Der Umgang mit Beschwerden ist in der Regel auch ein guter Indikator für die Stimmung in einem Haus. Wenn in einem Haus eine gute Stimmung herrscht und Mitarbeiter grundsätzlich positiv gestimmt sind, fällt es ihnen auch leicht, entspannt auf Beschwerdesituationen zu reagieren. Sind Mitarbeiter bereits durch die schlechte Grundstimmung in einem Haus oder auf einer Station gereizt, ist die Gefahr wesentlich größer, dass sie in Beschwerdesituationen dem Beschwerdeführer emotional entgegentreten, was oft zu einer Eskalation der Situation führt.

Qualitätssicherung
Es liegt Kraft in Beschwerden. Durch Beschwerden werden Schwachstellen aufgezeigt, die, wenn sie analysiert werden, einen wesentlichen Beitrag zur Qualitätsverbesserung leisten. Niemand kann uns so gut mitteilen, wo unser System nicht gut läuft, wie der, der es am unmittelbarsten erlebt, nämlich der Patient und der Angehörige. Dies wurde sehr gut in der Untersuchung eines von der Schließung bedrohten Spitals gezeigt. In diesem amerikanischen Spital wurden radikale Veränderungen primär aufgrund von Patientenbeschwerden durchgeführt und dadurch die Performance innerhalb von zwei Jahren so verbessert, dass das Haus bestens überlebte: „Patients complains as a management tool for continuous quality improvement" (Journal of Mangement in Medicine, 1996).

In den meisten Beschwerdemanagementsystemen werden allerdings nur „wirkliche" Beschwerden erfasst. „Wirkliche" Beschwerden kommen über Fragebögen, Lob- und Anregungskärtchen, schriftliche Beschwerden, Patientenanwaltschaft. All die kleinen Beschwerden zwischendurch, die zu 99 % auf der Station direkt und positiv gelöst werden, werden oft gar nicht als Beschwerde erkannt und noch weniger erfasst. Somit bleibt viel Verbesserungspotential ungenutzt. Institutionen könnten sich viel Geld ersparen, wenn sie Patienten und Angehörigen als Berater aktiv nutzen würden.

4.2   Ungerechtfertigte Beschwerden?

Es gibt viele Möglichkeiten, Beschwerden zu unterteilen: schriftlich oder mündlich, persönlich oder durch Dritte, direkt oder indirekt (z. B. über Direktion oder Patientenanwaltschaft), emotional oder sachlich. All dies füllt ein eigenes Buch.

Jedoch dürfen Sie folgende Unterscheidung NICHT treffen: die Unterscheidung in berechtigte oder unberechtigte Beschwerden.

Aus der subjektiven Sicht des Beschwerdeführers ist die Beschwerde immer richtig und berechtigt! Darum: Auch bei zunächst unberechtigt erscheinenden Beschwerden gilt es, zuzuhören und zu verstehen, worum es eigentlich geht. Erst, wenn sich der Beschwerdeführer verstanden fühlt, ist er bereit, auch eine andere Sichtweise zu akzeptieren. Je vehementer Sie versuchen, ihm klarzumachen, dass er unrecht hat, umso intensiver wird er seinen Standpunkt vertreten.

Phrasen, die kein Beschwerdeführer hören möchte:

- Ich habe jetzt keine Zeit.
- Da ist ein Kollege zuständig.
- Das glaube ich nicht.
- Das kann nicht sein.
- So etwas gibt es bei uns nicht.
- Das ist jetzt nicht so wichtig.

- Also, da haben wir im anderen Zimmer einen Patienten, dem geht es noch viel schlechter.
- Ach, so schlimm ist das doch nicht.
- Gestern hätten Sie noch viel länger gewartet.
- Beschweren Sie sich nicht, in anderen Häusern ist das noch viel schlimmer.
- Wenn Sie sich aufregen, kommen Sie als allerletztes dran.

All diese Sätze sind geeignet, aus einer leichten Unzufriedenheit eine handfeste Beschwerde zu machen. Die meisten Beschwerdeführer, welche zur Direktion, der Patientenanwaltschaft oder an die Öffentlichkeit gehen, haben sich zuerst einmal innerhalb der Organisation beschwert. Doch dort fühlten sie sich nicht verstanden.

> Verständnis für die Emotion des anderen ist der Schlüssel zu erfolgreichem Beschwerdemanagement.

Erst, wenn der Beschwerdeführer das Gefühl hat, Sie verstehen, warum er sich gerade so ärgert, fühlt er sich verstanden und ist bereit, auch sachlich zu werden. Geben Sie ihm das Gefühl, er regt sich unangebracht auf, wird er seine Version dessen, was gerade passiert ist, nochmals dramatisieren, damit kein Zweifel daran aufkommt, dass er sich zu Recht aufregt.

Um in diesen Situationen gut reagieren zu können, ist es wichtig, sich vorher bewusst zu machen, wie Emotionen entstehen und was im anderen abläuft, während er mehr und mehr zu brodeln beginnt.

4.3 Die Inhaltsfalle

Beispiel

Frau Waldner kommt um 11 Uhr ins Pflegeheim, um ihre Mutter zu besuchen. Sie nimmt wahr, dass ihre Mutter zwar in einem Stuhl in ihrem Zimmer sitzt, allerdings noch ihr Nachthemd anhat. Frau Waldner ist nicht bewusst, dass ihre Mutter starke Kontrakturen hat und ihr das Umziehen große Schmerzen bereitet. Was ihr auffällt ist, dass die Zimmernachbarin im Gegensatz dazu Alltagskleidung trägt und gepflegter aussieht. Frau Waldner denkt sich: „Na so etwas. Das darf es aber nicht geben. Wieso ist meine Mutter ungepflegt und nicht angezogen. Die Schwestern scheinen die andere Patientin lieber zu haben und besser zu pflegen." Bei Frau Waldner beginnt sich ein innerer Film zu entwickeln. Sie stellt sich vor, wie die Pflegepersonen die Zimmernachbarin liebevoll betreuen und ihre Mutter ignorieren, die einsam und verlassen in ihrem Sessel sitzt. In ihrer Vorstellung sieht sie, wie die eine die Haare gekämmt bekommt, während ihre Mutter vergessen wird. „Das liegt sicher daran, dass meine Mutter nicht so zuckersüß lächelt wie die andere und sich nicht mehr so gut verständigen kann", denkt sich Frau Waldner. „Es ist wirklich unerhört. Die Schwestern tun und lassen was sie wollen. Die spielen hier ihre Macht aus. Die denken sich, wenn eine Patientin nichts mehr sagen kann, braucht man sich auch nicht so gut um sie kümmern."

Diese Vorstellung erzeugt Emotionen, in diesem Fall Ärger. Oft geht diese Gedankenspirale noch weiter. So stellt sich Frau Waldner vor, wie alte Menschen in dunkle Ecken geschoben und sich selbst überlassen werden. All die Vorurteile gegen Pflegeheime kommen hoch, auch wenn sie nicht realistisch sind. Auch ihr schlechtes Gewissen wird präsent („Ich hätte die Mama gar nicht in ein Pflegeheim bringen dürfen. Ich hätte die Betreuung zuhause organisieren sollen. Sie wollte ohnehin nie in ein Heim.") und so denkt sich Frau Waldner: „Das kann wirklich nicht sein, das muss ich klären." Sie geht zum Stationsstützpunkt und sieht, dass dort tatsächlich zwei Pflegepersonen einfach nur sitzen, lachen und Kaffee trinken. „Also wirklich", denkt sich Frau Waldner, „jetzt ist es endgültig zu viel. Nicht nur, dass sie meine Mutter nicht pflegen und dass man, wenn man sich nicht mehr verständlich machen kann, überhaupt keine Leistung bekommt und hier ein völlig unfaires System herrscht, machen die nicht einmal ihre Arbeit, sondern trinken einfach Kaffee während meine Mutter noch im Nachthemd sitzen muss."

Kennen Sie dieses Phänomen? Man malt sich schreckliche Dinge aus und fühlt sich beinahe so, als ob diese Dinge Wirklichkeit wären. Hier kann man – nicht nur als Pflegeperson – in eine Falle tappen, die „Inhaltsfalle". Dahinter steht folgende Beobachtung: Je länger man über eine Situation nachdenkt – im Beispiel oben Frau Waldner über den Zustand ihrer Mutter –, desto dramatischer werden die Vorstellungen und damit die Emotionen intensiver. Frau Waldner rollt förmlich ihre Emotionen vor sich her, wie eine Mistkugel, die mit jeder gedanklichen Umdrehung größer und größer wird (Abb. 4.1). Wenn Frau Waldner mit ihrer emotionalen Mistkugel bei der Pflegeperson ankommt, wird sie diese nicht mit den Fakten konfrontieren („Mir ist aufgefallen, meine Mutter sitzt im Nachthemd draußen. Können Sie mir den Grund verraten?"), sondern mit der gesamten „Emotions-Mist-Kugel"

Und jetzt tauschen Sie die Rolle: Sie sitzen am Stationsstützpunkt, das erste Mal seit drei Stunden für fünf Minuten. Sie trinken einen Kaffee, ihre Kollegin hat gerade einen Scherz gemacht, sie denken sich, wie gut es tut, einmal kurz durchzuschnaufen. In dem Moment erscheint eine Angehörige, Frau Waldner:

Abb. 4.1 Mistkugel

Beispiel

„Also das ist ja wirklich die Höhe. Es kann ja wohl nicht angehen, dass sich hier niemand um meine Mutter kümmert. Sie sollten endlich einmal lernen, Ihren Job zu machen und es sich hier nicht nur gutgehen zu lassen, das ist schließlich ein Arbeitsplatz und kein Kaffeehaus. Arbeitet eigentlich irgendjemand bei euch etwas? Habt ihr irgendein Verantwortungsgefühl euren Bewohnern gegenüber?"

Dass dies nicht als Beschwerde, sondern als Angriff empfunden wird, liegt auf der Hand. Die Inhaltsfalle besteht nun darin, dass auf den Angriff („ihr arbeitet nichts", „ihr kümmert euch nicht um Bewohner", …) direkt reagiert wird, so als ob dies der wahre Inhalt der Aussage wäre. Nur ist das nicht der Inhalt, das sind Interpretationen, diese gerollte Mistkugel. Der Inhalt, die tatsächliche Wahrnehmung, das eigentliche Thema, nämlich dass die Mutter noch das Nachtgewand anhat – liegt dahinter. Die Kunst besteht nun darin, nicht auf diese

Vorwürfe zu reagieren (in die Inhaltsfalle zu tappen und z. B. zu sagen „das stimmt nicht"), sondern einen Weg zu finden, diese Mistkugel an sich vorbei zu lassen, nur auf das einzugehen, was die Angehörige tatsächlich wahrgenommen hat und dafür gemeinsam eine Lösung oder eine Erklärung zu finden.

4.4   Aus der Schusslinie gehen

Wenn Sie mit emotionalen „Mistkugeln" konfrontiert sind, kann Ihnen die folgende Kurzanleitung helfen, diesen „auszuweichen" und ruhig zu bleiben:

1. Bewusst Atmen
2. Aus der Schusslinie gehen

Im Detail:

1. **Bewusst Atmen:** Ganz bewusst durchatmen und auf Ihre Atmung achten. So schaffen Sie es, bei sich zu bleiben und Ihre eigenen Emotionen für den ersten Moment ruhig zu halten.
2. **Aus der Schusslinie gehen:** Emotionalisierte Personen machen mehrere Dinge, die dazu führen, dass Sie ebenfalls „in den Ring" steigen:
   a) Sie kommen frontal auf einen zu und stehen direkt gegenüber. Das Wort „Konfrontation" kommt nicht von ungefähr von „frontal".
   b) Sie dringen in die Intimzone ein. Sie gehen den berühmten Schritt zu weit, kommen körperlich näher, als es einem angenehm ist. Dies erzeugt Stress und damit ebenfalls eine Kampf- oder Rückzugsreaktion.

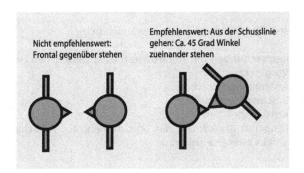

Abb. 4.2 Aus der Schusslinie gehen

c) Sie gestikulieren gerne mit einem Finger (oder sogar mehreren) und zeigen damit beim Reden, wie mit einer Pistole, immer wieder auf Sie. Dadurch fühlt man sich persönlich angegriffen. Das kann schnell einmal Aggression oder Trotz auslösen („Aber ich war es ja gar nicht").

Wichtig ist daher, sich ein wenig seitlich zu drehen (Abb. 4.2), so dass ein offener Winkel zwischen Ihnen und der anderen Person entsteht. Sie werden wahrnehmen können, wie Ihre Betroffenheit sinkt, Sie die Nähe besser aushalten und Sie leichter bei sich bleiben, wenn der andere nicht auf Sie, sondern an Ihnen vorbei zeigt. Während der andere seine Emotionen los wird, können Sie souverän und aufmerksam zuhören und sich dabei vorstellen, wie diese emotionale Mistkugel einfach an Ihnen vorbei geht und Sie nicht trifft.

Praxistipp

Achten Sie grundsätzlich bei Gesprächen, die Emotionen mit sich bringen können, darauf, dass Sie nicht frontal zum anderen stehen oder sitzen. Durch diese offene Haltung ist es wesentlich leichter, sich auch emotional abzugrenzen.

Diesen Tipp können Sie z. B. anwenden bei:

- Besprechungen mit Mitarbeitern bzw. Gesprächen beim Vorgesetzten
- Anamnesegesprächen
- Beschwerdegesprächen
- Kritikgesprächen
- Längeren Anekdoten, die Sie sich mehr aus Höflichkeit als aus Interesse anhören

4.5   Was sage ich jetzt am besten?

Beispiel

Stellen Sie sich vor, Sie wollen in einem großen Elektromarkt einen neuen Videorekorder kaufen. Der eloquente Verkäufer erklärt Ihnen, dass man heutzutage keinen Videorekorder mehr kauft und sogar bereits DVD-Rekorder Schnee von gestern sind. Heute hat man nur digitale Aufnahmegeräte, erklärt der Verkäufer, und ist voll des Lobes über die Vorteile. Sie lassen sich überzeugen und geben statt der geplanten 70 € 400 € aus, aber schließlich muss man ja mit der Zeit gehen. Sie kaufen dazu auch noch – wenn schon, denn schon – Boxen, um den gesamten Surround-Sound auch ausnützen zu können. Mit Schweißperlen auf der Stirn ob der hohen Rechnung verlassen Sie den Elektromarkt und denken sich: „Nun, manchmal muss man eben auch etwas investieren." Zu Hause angekommen merken Sie, dass das Gerät nicht so am Fernseher anzustecken ist, wie ihr vertrauter Videorekorder und es noch einiger Programmierschritte bedarf. Sie schauen in die Bedienungsanleitung und erkennen, dass diese in vielen Sprachen geschrieben ist, jedoch nicht in Deutsch. Sie versuchen, die Boxen entsprechend zu verkabeln, als Ihnen bewusst wird, dass Sie hier wesentlich längere Kabel benötigen würden, worauf Sie der Verkäufer natürlich nicht aufmerksam gemacht hat. Etwas erzürnt fahren Sie nochmals in den Elektromarkt, kaufen die längeren Kabel, fahren wieder nach Hause und schließen alles zusammen. Als es endlich so weit ist und der große Moment stattfindet, an dem Sie die erste Aufnahme testen wollen, stecken Sie das Gerät an, jedoch gibt es statt einem blinkenden Display, das einen freundlich willkommen heißt, einen Kurzschluss. Es riecht nach verschmortem Plastik. Nachdem Sie die Sicherung wieder eingeschaltet haben, leuchten alle Lichter im Haus bloß Ihr neuer Rekorder bleibt finster. Kaputt. Der einzige Grund, warum Sie dieses Gerät jetzt nicht nehmen und durch das geschlossene Fenster werfen, ist, dass Sie mit einem letzten Teil Ihres klaren Verstandes wissen, dass das wohl ein Produktionsfehler ist und bei durch das Fenster geschossenen Geräten in der Regel die Garantie erlischt. Sie packen das Gerät also in die Originalschachtel ein, was gar nicht so einfach ist, und fahren wieder zu Ihrem freundlichen Elektrohändler zurück.

Natürlich ist Ihnen bewusst, dass man in dieser Situation völlig entspannt zum Informationsschalter geht, die Situation beschreibt, darum bittet, dass das Gerät ausgetauscht wird, was dann in der Regel auch getan wird. Die meisten Menschen tun dies aber nicht. Sie gehen zum Verkäufer (oder zu irgendeinem Verkäufer, da natürlich typischerweise der Verkäufer, der einem das Gerät verkauft hat, nicht mehr greifbar ist) und werden dem Ihr Leid klagen, vermutlich indem Sie ihm eine große Mistkugel entgegen schleudern und erklären, was für ein Schrott das ist, wie man in diesem Geschäft für dumm verkauft wird und was man sich als Kunde alles gefallen lassen muss.

Wissen Sie – so ganz unter uns gesagt – dass der Verkäufer nichts dafür kann, dass dieses Gerät einen Produktionsfehler hatte? Vermutlich schon. Interessiert Sie das in diesem Moment? Vermutlich nicht. Wenn Sie sich diese Situation plastisch vorgestellt haben, überlegen Sie, was Sie von diesem Verkäufer alles *nicht* hören wollen:

- Das kann ich mir nicht vorstellen.
- Mit mir brauchen Sie nicht darüber reden. Wenden Sie sich bitte an die Reklamation.
- Haben Sie das Gerät überhaupt richtig angeschlossen?

Was wollen Sie *schon* von dem Verkäufer hören? Sie wollen Verständnis für Ihre Situation. Auch wenn Sie wissen, dass er persönlich nichts dafür kann. Sie wollen, dass er Ihren Ärger versteht und Sie bis zu einer Lösung, die für Sie angemessen ist, begleitet. Wenn der Verkäufer zuhört (und dabei aus der Schusslinien geht), Blickkontakt hält, verständnisvoll nickt, aktiv zuhört mit Formulierungen wie „Aha", „Mhm", „Oje" und, nachdem er Sie Ihren Frust von der Seele reden ließ, weiterspricht mit Formulierungen wie:

- „Das kann ich wirklich verstehen",
- „Das ist ärgerlich",
- „Nein, so etwas darf unter keinen Umständen passieren",
- „Also ich an Ihrer Stelle wäre auch verärgert" oder
- „Da bin ich aber froh, dass Sie auch gleich zurückkommen sind und uns die Chance geben, es in Ordnung zu bringen"

ist die Chance hoch, dass Sie sich langsam wieder beruhigen.

Stellen Sie sich folgende Reaktion des Verkäufers vor:

> **Beispiel**
>
> „Wirklich? Also, dass ich Ihnen so etwas verkauft habe und Sie damit so viel Ärger haben, das tut mir wirklich leid… Das ist wirklich ärgerlich, ich würde ich mich auch ärgen… So etwas darf wirklich nicht sein… Wissen Sie was? Ich begleite Sie gleich rüber zum Reklamationsschalter, denn dort kann man sich am schnellsten darum kümmern, dass Sie sofort ein neues Gerät bekommen… Kommen Sie mit, denn natürlich ist es uns wichtig, dass wir gute Ware verkaufen, damit unsere Kunden auch zufrieden sind."

> Während Sie der Verkäufer begleitet und Sie bemerken, dass Sie innerlich ein wenig ruhiger werden, bringt er Sie bis zum Reklamationsschalter und sagt der Kollegin dort: „Die Dame hier hat das Gerät gekauft und das war schon beim Auspacken defekt. Das ist natürlich wirklich ärgerlich für die Dame. Bitte helfen Sie ihr, damit Sie sofort ein neues Gerät bekommt." Die Kollegin von der Reklamation sollte höflich lächelnd sagen: „Selbstverständlich. Das werden wir gleich in Ordnung bringen." Der Verkäufer sollte sich noch höflich von Ihnen verabschieden und sagen: „Wenn es noch irgendwelche Probleme gibt, bitte kommen Sie sofort zu mir." Vermutlich wir Ihr Zorn verraucht sein, Sie werden sich bedanken, mit der Dame von der Reklamation die Sache erledigen, ein neues Gerät ausgehändigt bekommen und beim Weg zurück sich vielleicht sogar noch denken, dass das diesmal ein sehr höfliches und freundliches und kompetentes Vorgehen war. Ihr Zorn ist verschwunden und Sie erzählen das Erlebnis womöglich sogar als Beispiel weiter, wie toll mit Ihnen umgegangen wurde.

Beschwerden sind eine gute Möglichkeit, Kundenzufriedenheit zu erhöhen. Es gibt Untersuchungen die zeigen, dass ein Mensch, der sich beschwert hat und optimal betreut wurde, danach besser von einer Organisation oder Firma spricht als einer, bei dem alles einfach „nur" gepasst hat.

Analysieren wir dieses Gespräch, um herauszufinden, was die Elemente eines kompetenten Umgangs mit Beschwerden sind:

1. Einstellung
   Vermutlich wird diesem Verkäufer völlig klar sein, dass jeder unzufriedene Kunde die Möglichkeit zu einer noch höheren Kundenbindung in sich trägt und dass es das Ziel ist, aus jedem unzufriedenen Kunden einen zufriedenen zu machen. Dieser Dienstleistungsgedanke

ist in Krankenhäusern noch nicht durchgängig vorhanden, wird aber immer häufiger gelebt. Ich habe einmal mit einem Profi einer Beschwerdehotline gearbeitet
und ihn gefragt, wie er es schafft, ruhig zu bleiben,
wenn er den ganzen Tag mit Beschwerden konfrontiert
wird. Er hat gesagt: „Abgesehen davon, dass ich weiß,
dass ich nicht schuld bin, denke ich mir, bevor ich das
Telefon abhebe: „Ich weiß zwar nicht, wer jetzt dran
ist, und ich weiß auch nicht, was dessen Anliegen sein
wird, aber ich weiß ganz genau, dass wir am Ende des
Gespräches Freunde sein werden." Und dann hat er
gelächelt und gemeint: „Eigentlich geschieht das auch
jedes Mal."

2. **Aus der Schusslinie gehen**
Gemeinsam ist bei Beschwerdeprofis, dass sie, wenn
jemand kommt und sich beschwert, egal ob laut oder
leise, sie einmal tief durchatmen, darauf achten, dass sie
keine frontale Körperhaltung haben, sondern sich ein
wenig „aus der Schusslinie" heraus bewegen, um den
ersten Schwung der Emotion vorbeilassen zu können.
So gelingt es, selbst in einem Überraschungsmoment
ruhig zu bleiben.

3. **„Auskübeln lassen"**
„Auskübeln lassen" mag etwas salopp klingen, trifft aber
die Situation sehr gut. Die Person, die ihre emotionale
Mistkugel gerollt hat und sehr erregt ist, will diesen
Überdruck los werden. Sie will ihre Emotionen aus-
schütten wie einen Kübel voll Schmutzwasser. Wenn sie
dazu nicht die Möglichkeit hat, wird sich die Situation
nicht beruhigen lassen. Geben Sie als Beschwerde-
empfänger dem anderen die Chance, seinen Druck los
zu lassen, hören Sie dabei aufmerksam zu, nicken Sie,
geben Sie ihm das Gefühl zu verstehen, warum er so
aufgeregt ist.

4. Verständnis zeigen

Speziell dieser Schritt fällt vielen Menschen schwer, weil sie denken: „Wenn ich eine Beschwerde als nicht gerechtfertigt empfinde, dann kann ich kein Verständnis für den Beschwerdeführer haben." Beispiele für Beschwerden, die als ungerechtfertigt empfunden werden, sind: „Keiner kümmert sich um meine Mutter.", „Mein Vater hat nichts zu essen bekommen.", „Ihr trinkt den ganzen Tag nur Kaffee und tut nichts." Mit dem Wissen um die Entstehung von Emotionen, der Mistkugel und der Inhaltsfalle ist nachvollziehbar, dass es um diese vordergründigen Sätze nicht geht. Was unabhängig davon jeder Beschwerdeführer möchte, ist **Verständnis.** Er will das Gefühl haben, dass hier jemand versteht, warum er so aufgeregt ist. Gibt man dem anderen das Gefühl, seine Emotion ist nicht gerechtfertigt, wird das dazu führen, dass er mit noch mehr Nachdruck die Wichtigkeit seines Themas unterstreicht. Die Menschen wollen Verständnis für Emotionen und Werte nach dem Motto: „Ich verstehe, was dir wichtig ist, und ich verstehe, warum du verärgert bist."

Hilfreiche Worte: Speziell wenn man die Sache oder den Punkt nicht sofort nachvollziehen kann, hilft die Formulierung „Gefühl" oder „Eindruck"

- „Es tut mir leid, wenn Sie den Eindruck haben, dass man sich nicht optimal um Ihre Mutter kümmert."

- „Wenn Sie das Gefühl haben, hier schlechter behandelt zu werden, dann verstehe ich natürlich, dass Sie sich ärgern."

- „Wenn der Eindruck entsteht, dass manche Patienten bevorzugt behandelt werden, wäre das natürlich schrecklich und da würde ich mich auch aufregen."

Mit diesen Formulierungen sagen Sie nicht, dass der Beschwerdeführer recht hat und es tatsächlich so ist. Was Sie lediglich sagen, ist, dass Sie verstehen, dass er verärgert ist, weil er den Eindruck hat, dass dies so passiert wäre.

5. **Eigene Werte**

Hilfreich ist es, mit einem Halbsatz auch auf die eigenen Werte Bezug zu nehmen und zu zeigen, dass die denen des Beschwerdeführers sehr ähnlich sind.

- „Uns ist es natürlich wichtig, dass unsere Bewohner optimal gepflegt werden."
- „Natürlich ist es uns ein großes Anliegen, dass in der Ambulanz alles fair und korrekt zugeht."
- „Natürlich wollen wir, dass alle Patienten bestmöglich versorgt werden."

6. **Nachfragen**

Falls nicht ganz klar ist, worauf der Beschwerdeführer hinaus möchte, ist jetzt der Moment zum Nachfragen.

- „… darum Frau Waldner, erzählen Sie einmal, was genau ist denn passiert?"
- „Was genau ist Ihnen bei Ihrer Mutter aufgefallen, dass Sie das Gefühl haben, wir kümmern uns nicht optimal um sie?"
- „Was hat die Kollegin gesagt?"

Nach dieser ersten Phase der Deeskalation wird der Beschwerdeführer an dieser Stelle bereit sein, auch die Fakten hinter seiner Mistkugel offenzulegen, weil er den Eindruck hat, dass Sie ihn verstehen und helfen wollen.

7. **Lösung oder Erklärung anbieten**

Danach kann man beginnen, gemeinsam mit dem Beschwerdeführer eine Lösung zu finden, die für ihn in Ordnung ist. Beispielsweise:

- „Ich schlage vor, schauen wir gleich gemeinsam zu Ihrer Mutter, um herauszufinden, was hier los ist."

- „Ich kann schon verstehen, wenn Patienten später kommen und früher in das Ambulanzzimmer gehen, dass das den Eindruck erweckt, dass sie bevorzugt behandelt werden. Tatsache ist, dass hier mehrere unterschiedliche Untersuchungen gemacht werden und für die Untersuchung, die dieser Patient braucht, heute einfach weniger Leute da sind und es deshalb etwas schneller geht."
- „Ich kann schon verstehen, wenn die Mutter das Nachthemd anhat und die Haare nicht frisch gemacht sind, dass das ungepflegt wirkt. Wissen Sie, uns ist wichtig, dass die Patienten oder die Bewohner auch ihre eigenen Bedürfnisse erfüllt bekommen und Ihre Mutter wollte heute nicht das Nachthemd ausziehen, sie hat starke Kontrakturen und Schmerzen beim Umkleiden. Wir wollten nicht, dass sie unnötig leidet, deshalb haben wir ihr heute die Möglichkeit gegeben, damit sie trotzdem aus dem Bett heraus kommt, dass wir sie mit ihrem Nachthemd auf einen Sessel mobilisieren. Als wir ihr die Haare kämmen wollten, hat sie gesagt, dass ihr das weh tut und das heute nicht will. Das haben wir respektiert. Ich kann natürlich gut verstehen, dass das ausschaut, als würden wir sie nicht pflegen. Vielleicht können wir gemeinsam überlegen, was wir das nächste Mal machen sollen, wenn sich Ihre Mutter so verhält."

Weiterführende Literatur

Barlow J (2003) Eine Beschwerde ist ein Geschenk: Der Kunde als Consultant. mi-Wirtschaftsbuch
Cerwinka G, Schranz G (2009) Wenn der Kunde laut wird: Professioneller Umgang mit Beschwerden. Linde

Kukat F (Hrsg) (2005) Beschwerdemanagement in der Praxis: Kundenkritik als Chance nutzen. Symposion Publishing

Poser M, Schlüter W (Hrsg) (2001) Kundenorientierung und Beschwerdemanagement in der ambulanten und stationären Altenpflege. Verlag Neuer Merkur GmbH

Quernheim G (2010) Arbeitgeber Patient. Springer

Seidel W (2007) Beschwerdemanagement: Unzufriedene Kunden als profitable Zielgruppe, 4. Aufl. Carl Hanser Verlag GmbH & Co, KG

Seiwert LJ (1999) 30 Minuten für optimale Kundenorientierung. GABAL

5

Dein Wunsch geht in Erfüllung

Kennen Sie Aussagen wie diese?

- „Könnte mal jemand den Medikamentenschrank aufräumen?"
- „In dem Zimmer hat's aber eine schlechte Luft."
- „Im andern Krankenhaus, wo ich das letzte Mal untergebracht war, hat's Tee immer am Zimmer gegeben."
- „Fühlt sich hier eigentlich irgendeiner bemüßigt, den Verbandswagen wieder einmal nachzurüsten?"
- „Der Computer geht schon wieder nicht."
- „In Zimmer 17 ist eine Lampe kaputt."

Oder auch zu Hause haben Sie die eine oder andere Äußerung bestimmt schon gehört:

- „Wir waren schon ewig nicht mehr im Kino."
- „Musst du in der Früh so brummeln?"

© Der/die Autor(en), exklusiv lizenziert durch Springer-Verlag GmbH, DE, ein Teil von Springer Nature 2022
A. Seidl, *Freundlich, aber bestimmt – Die richtigen Worte finden in Gesundheitsberufen,* Top im Gesundheitsjob, https://doi.org/10.1007/978-3-662-65045-5_5

- „Der Rasen gehört wieder einmal gemäht."
- „Wieso steht denn die Schultasche mitten im Weg?"
- „Einmal möchte ich erleben, dass die Kleider aufgeräumt im Schrank landen."

Diese Liste lässt sich ewig fortführen. Kommt sie Ihnen bekannt vor? Wenn man offenen Ohres durch den Alltag geht, kann man Sätze wie diese jeden Tag unzählige Male hören. Daraus ergeben sich dann in weiterer Folge oft die interessantesten Diskussionen:

Beispiel

A: „Nie hilfst du mir, wenn ich dich um etwas bitte."
B: „Das stimmt doch gar nicht. Wenn du mich um etwas bittest, helfe ich dir immer."
A: „Letztens erst habe ich gesagt, dass der Medikamentenschrank aufgeräumt gehört und du hast das einfach ignoriert."
B: „Ja, aber du hast mir nicht gesagt, dass *ich* es machen soll."
A: „Warum glaubst du, rede ich mit dir, wenn du es nicht machen sollst?"
B: „Da musst du schon klar mit mir reden."
A: „Ich rede klar mit dir!"

Auch diese Diskussionen, übrigens häufig auch zu Hause und mit den Kindern, kann man unzählige Male hören. Den Kindern wirft man vor, sie schalten auf Durchzug und nehmen einen nicht ernst. Die Frage ist, wie klar tatsächlich der eigene Wunsch formuliert wurde. Die meisten Wünsche scheinen sich deshalb nicht zu erfüllen, weil sie niemals klar ausgesprochen wurden. Die meisten Bitten werden abgelehnt, weil sie nicht klar formuliert wurden (Abb. 5.1).

Abb. 5.1 Versteckter Wunsch

5.1 Stolpersteine am Weg zur „Wunscherfüllung"

1. Verzweifelt dreinschauen statt klar formulieren

> **Beispiel**
>
> Frau Schmidl ist eine erfahrene Pflegeperson wenige Jahre vor ihrer Pensionierung. Sie hat die letzten 20 Jahre in einem kleinen, privaten Pflegeheim mit einem sehr einfachen, wenig komplexen Dokumentationssystem gearbeitet. Auch privat verwendet sie ihren Computer nur sehr spärlich. Etwas im Internet suchen oder ein Mail verschicken, sonst hat sie keine Verwendung dafür. Da dieses Pflegeheim schließen musste, ist sie nun in einer modernen Einrichtung und seit Kurzem in der Situation, beruflich den Computer zu nutzen. Trotz ihrer Einschulung fühlt sie sich oft überfordert. Sie sitzt vor dem Computer, versucht zu dokumentieren, findet aber regelmäßig nicht die richtigen Reiter. Eine jüngere Kollegin, von der sie weiß, dass sie sehr fit in der EDV ist, kommt vorbei. Frau Schmidl seufzt demonstrativ tief, schüttelt den Kopf und sagt, dass das

> sehr mühsam ist. Die junge Kollegin lächelt ihr zu, meint
> „Ja, das Programm ist zu Beginn schon gewöhnungsbe-
> dürftig" und geht weiter. Frau Schmidl denkt sich: „Wie
> verzweifelt muss ich den noch sein, dass mir hier jemand
> helfen würde? Tot umfallen könnte man und keinen würde
> es kümmern."

Vielleicht erinnern Sie sich noch an das große Hollywood-Kino, als Humphrey Bogart Ingrid Bergmann tief in die Augen geschaut hat und zwei Augenaufschläge haben gereicht, damit er genau wusste, was sie jetzt möchte. Zum einen mag es daran liegen, dass er das Drehbuch kannte und von daher wusste, was sie wollte, vielleicht waren die Männer im Hollywood der 1940er Jahre tatsächlich aufmerksamer als eine junge Arbeitskollegin im 21. Jahrhundert. Fakt ist jedoch, so unromantisch es klingen mag: Indem man verzweifelt dreinschaut, bekommt man heute nur selten das, was man möchte. Auch sollte man bedenken, dass es dem anderen tatsächlich schwer fällt, zu wissen, was Sie wollen, wenn Sie es ihm nicht klar sagen. Sie haben das Recht, um etwas zu bitten, und je klarer und freundlicher Sie es einfordern, desto eher wird man es Ihnen erfüllen.

2. Zu lieb sein

Es gab vor einigen Jahren von Ute Erhardt einen Bestseller mit dem Titel „Gute Mädchen kommen in den Himmel, böse überall hin: Warum Bravsein uns nicht weiterbringt". In dem Titel steckt bereits die Quintessenz vom zweiten wichtigen Punkt auf dem Weg zum erfüllten Wusch: Seien Sie nicht zu lieb!

Viele Menschen werden schon in der Phase der Sozialisation darauf hin getrimmt, „lieb und brav" zu sein. Bei vielen Kindern wird ein „braves" Verhalten, also angepasst sein, lieb lächeln und machen, was Mama oder Papa sagen, mit Zuwendung belohnt, wo hingegen auf aufmüpfiges Verhalten eine Zurechtweisung erfolgt. Doch gerade dieses aufmüpfige Verhalten lehrt Kindern, ihren eigenen Weg zu gehen, ihren Willen zu argumentieren, kritisch Fragen zu stellen und selbst auf Lösungen zu kommen. Kinder, die diese Chance nicht bekommen, müssen das oft als Erwachsene lernen. Daher tun sich auch viele Erwachsene schwer, klar ihre eigenen Bedürfnisse auszudrücken. Zuerst kommt die Familie, die Kinder, die Freunde, die Patienten, die Bewohner, die Kollegen.

Natürlich springt man ein. Natürlich ist man da. Natürlich macht man, worum die Chefin einen bittet. Natürlich bleibt man länger. Natürlich übernimmt man einen Dienst. Man will ja schließlich geliebt werden und hat Angst vor Ablehnung, wenn man nicht tut, was von einem verlangt wird. Doch wo bleiben dabei Sie?

> Bescheidenheit ist eine Zier, doch weiter kommt man ohne ihr.

Ich erinnere mich an eine Geschichte, die mir eine Seminarteilnehmerin erzählt hat. Sie war Stationsleitungsvertretung bei einer älteren Stationsleitung, die vielfach auf Kur war, längere Krankenstände hatte und die letzten drei Jahre vor der Pension nur noch sehr wenig Zeit auf der Station verbrachte. Die Teilnehmerin hatte in einer stillen Selbstverständlichkeit die Station korrekt geführt und dafür gesorgt, dass alles gut läuft. Für sie war es klar, dass sie nach der Pensionierung der Stationsleitung die Station übernehmen würde. Als es so weit war, gab es eine Ausschreibung für die Position und ein Hearing. Auch sie bewarb sich dafür und … es wurde eine andere Person genommen, die im Hearing ihre Erfahrung und

Kompetenz besser in den Vordergrund stellen konnte. Die Teilnehmerin erzählte, dass sie im Hearing gar nicht erwähnt hatte, was sie die letzten drei Jahre alles gemacht hatte, weil sie sich nicht wichtig machen wollte. So kam es, dass ihr jemand, der letztendlich nicht besser qualifiziert war, vor die Nase gesetzt wurde. Ihr Glück war, dass die Person nach eineinhalb Jahren sich privat veränderte und wegzog und somit die Stelle wieder frei wurde. Beim zweiten Anlauf bereitete sie sich sehr bewusst vor und konnte das Hearing für sich entscheiden.

Viele denken, die eigenen Wünsche durchzusetzen sei egoistisch. Auf der anderen Seite kann man nur dann anderen gut aufhelfen, wenn man selbst gut steht. Wenn man die eigenen Bedürfnisse immer hinten anstellt, führt das auf Dauer zu Frustration und Enttäuschung.

3. Einen Apfelbaum um Birnen bitten

> **Beispiel**
>
> Morgendliche Dienstübergabe: Eine Kollegin sagt zur anderen: „Musst du in der Früh schon so ein Gesicht aufsetzen? Einmal möchte ich erleben, dass du ein wenig sonniger dreinschaust." Die andere brummelt: „Rede mich nicht vor meinem zweiten Kaffee an." Die Dienstübergabe geht weiter.

Wir können Mensch sehr wohl um etwas bitten, das in ihrer Macht steht. Beispielsweise eine bestimmte Art von Ordnung an der Abteilung einzuhalten, bestimmte Tätigkeiten zu übernehmen oder bei einer Aufgabe zu helfen. Was wir von Menschen nicht verlangen können ist etwas, wozu sie nicht in der Lage sind. Das ist zum einen, wenn ihnen die Qualifikation fehlt. Wenn jemand mit einem bestimmten Gerät noch nicht gearbeitet hat, keine

Einschulung bekommen hat und sich nicht auskennt, kann man nicht verlangen „Arbeite mit dem Gerät!" In diesem Fall muss darauf geachtet werden, dass das notwendige Wissen zur Verfügung steht.

Das Zweite, worum man Menschen nicht bitten kann, sind Dinge, die ihre Persönlichkeit betreffen. Ich bin überzeugt, unter Ihnen gibt es jetzt viele, die das Beispiel von der Dienstübergabe gut nachvollziehen können. Die einen verstehen es aus der Sicht der Kollegin, die sich in der Früh etwas weniger brummelige Gesichter wünscht, die anderen verstehen das Beispiel aus Sicht derjenigen, die um sieben Uhr in der Früh noch kein Sonnenscheingesicht aufsetzen kann. Menschen sind unterschiedlich. Manche sind Morgenmenschen, die blenden schon in der Früh mit ihrer guten Laune. Für „Nicht-Morgenmenschen" ist das kaum erträglich. Umgekehrt gilt dasselbe. „Setz ein anderes Gesicht auf" ist eine Aufforderung, die möglicherweise ein plastischer Chirurg erfüllen kann, aber kein Morgenmuffel. Bleiben Sie mit Ihren Wünschen immer im Bereich des für den anderen Möglichen.

Beispiele für unerfüllbare Wünsche:

- „Sei doch etwas spontaner."
- „Sei offener."
- „Hab nicht so viel Angst. Geh doch einfach darauf zu."
- „Denk nicht so viel nach."
- „Jetzt sei locker."
- „Gib doch ein bisschen mehr von dir preis."
- „Sei nicht immer so reflektiert."
- „Sei doch am Abend etwas unternehmungsfreudiger und lustiger."

Überlegen Sie, ob das, was Sie vom anderen verlangen, dieser auch wirklich erfüllen kann. Falls nicht, überlegen

Sie, wozu Sie es dann aussprechen. In den meisten Fällen wird ihr Wunsch nicht erfüllt, aber die Stimmung verschlechtert sich.

4. Nörgeln oder sagen, was *nicht* past

„Um die Trinkmenge von Frau Meier im Zimmer 12 hat sich wieder mal keiner gekümmert." „Es war noch niemand auf Visite", „Die Angehörigen warten noch auf eine Auskunft" Aussagen wie diese hört man täglich. Fraglich ist, ob auf so eine Aussage gleich jemand aufspringt und sich um Frau Meier, die Visite oder die Angehörigen kümmert, speziell wenn gerade vier Leute im Sozialraum sitzen oder zusammenstehen. Höchstens jemand aus der „Ich bin so lieb-Fraktion" vom vorigen Punkt. Das Phänomen, dass klare Bitten, Wünsche oder Aufträge verschleiert werden und es anschließend die große Verwunderung gibt, warum ihnen niemand nachkommt, ist weit verbreitet.

Hinter jeder Nörgelei steckt eine Bitte.

Was für die Beschwerdeführer (siehe voriges Kapitel) gilt, gilt auch im Alltag. Statt klar zu formulieren, was wir gerne hätten, wird genörgelt, mit dem Zaunpfahl gewunken oder es werden so viele Erklärungen und Rechtfertigungen für ein Anliegen gefunden, dass der andere zum Schluss nicht mehr weiß, worum es eigentlich geht.

„Warum bin ich heute wieder für Station grün eingeteilt?", ist weniger effizient als klar zu sagen „Beim nächsten Dienst möchte ich bitte für Station rot eingeteilt werden."… am besten mit einer kurzen Begründung und an die Person gerichtet, welche die Einteilung vornimmt.

5.2   Die unwiderstehliche Bitte

Eine gut formulierte Bitte, die eine hohe Chance auf Erfüllung hat, sollte fünf Elemente enthalten.

5 Elemente einer Bitte

1. Adressat
2. Hintergrund
3. Zeitrahmen
4. Wunsch
5. Zusage abwarten und bedanken

Beispiel

Im Pflegeheim: Pflegedienstleitung an Stationsleitung **(Adressat)**: „Von deiner Station sind heute zwei Bewohner im Krankenhaus, wodurch etwas mehr Zeit für anderes bleibt **(Hintergrund)**. Bist du so lieb und kannst heute im Laufe des Nachmittags **(Zeitrahmen)** einen Mitarbeiter die Verbandswagen im ersten und zweiten Stock kontrollieren lassen **(Wunsch)**?" Warten auf das Zeichen der Zustimmung, ein Nicken, ein „Okay", ein „Ja, mach ich", um dann zu sagen „Super, danke." **(Zusage abwarten und bedanken)**.

Beispiel

Peter an seinen Kollegen Franz, der im Seminarraum direkt neben dem Fenster sitzt: „Franz, **(Adressat)** du sitzt so günstig und die Luft hier ist sehr verbraucht **(Hintergrund)**. Bist du so nett und könntest jetzt **(Zeitrahmen)** für einen Moment das Fenster öffnen **(Wunsch)**?" Nach Aufstehen, Nicken oder Bestätigen, „Danke" **(Bedanken)**.

Beispiel

Ärztin Dr. Karola Kramer an Patientin Frau Müller: „Frau Müller **(Adressat)**, wir haben hier eine Vereinbarung, dass mit Handys im Zimmer nicht telefoniert wird, weil das für manche Patienten störend sein kann **(Hintergrund)**. Da Sie eine mobile Patientin sind, würde ich Sie bitten, ab sofort **(Zeitrahmen)** auf dem Gang zu telefonieren **(Wunsch)**."Nach einem Nicken, „Danke" **(Zusage abwarten und bedanken)**.

Beispiel

Eine Pflegeperson zur Stationsleitung: „Gabi **(Adressat)**, mein Kleiner ist krank und ich hab niemanden, der auf ihn aufpasst **(Hintergrund)**. Darum würde ich diese Woche **(Zeitrahmen)** entweder „frei" nehmen oder meine Dienste tauschen. Kannst du mir hier bitte helfen **(Wunsch)**?" „Danke." **(Zusage abwarten undedanken)**.

Beispiel

Der Arzt sagt im Intensivzimmer, wo sechs Angehörige an einem Bett stehen: „Meine Herrschaften **(Adressat)**, zur Sicherheit aller Patienten – es kann immer ein Notfall sein, wo wir dann akut Platz brauchen – dürfen höchstens zwei Angehörige gleichzeitig im Zimmer sein **(Hintergrund)**. Ich muss Sie jetzt **(Zeitrahmen)** daher bitten, dass vier von Ihnen draußen warten, so dass jeweils nur zwei Personen gleichzeitig im Intensivzimmer sind **(Wunsch)**. Natürlich können Sie sich gerne im Zimmer abwechseln, während die anderen im Wartebereich einen Kaffee trinken. Darf ich Sie gleich hinaus begleiten?" „Danke." **(Zusage abwarten und bedanken)**.

In manchen Situationen, vor allem wenn es um eine unverzügliche Handlung geht, bei der man nicht sicher ist, ob sie die andere Person tatsächlich ausführt, sobald man sich umdreht und weggeht, kann es Sinn machen, nach der Zusage zu warten, bis mit der Handlung begonnen wird. Dies wäre beim Beispiel mit den sechs Angehörigen auf der Intensivstation der Fall (wo man die vier am besten gleich unmittelbar hinausbegleitet), gilt aber auch im privaten Bereich. Wenn es ums Aufräumen des Zimmers geht, können Kinder selbst ziemlich unwiderstehlichen Bitten in aller Regel erstaunlich gut widerstehen. Dann zu warten, vielleicht mit der Verstärkung „Du, mit „jetzt" habe ich tatsächlich „jetzt" und nicht „ja eh dann gleich" gemeint", bis mit dem Aufräumen begonnen wird ist noch kein Erfolgsgarant, erhöht aber zumindest die Erfolgswahrscheinlichkeit.

Übung

Formulieren Sie diese schwammigen Aussagen in „unwiderstehliche Bitten":

- Eine Kollegin kommt in den Sozialraum und sieht, dass eine Kaffeetasse im Spülbecken statt im Geschirrspüler steht, und sagt zu der Kollegin, von der die Tasse: „Es ist eh wurscht, was man ausmacht. Niemand hält sich daran."
- „Da hat schon wieder keiner die Kanülen nachbestellt."
- Mitarbeiter zu einer Angehörigen, die außerhalb der Besuchszeiten auf die Station kommt: „Jetzt können Sie nicht zu Ihrem Angehörigen. Bei der Eingangstür stehen doch ganz groß unsere Besuchszeiten drauf."
- Eine Kollegin zu den anderen beim Anblick der halb verwelkten Pflanzen im Sozialraum „Die gießt auch keiner, seit wir diese neue Reinigungsfirma haben."

Lösungsvorschläge finden Sie im Anhang 4.

5.3   Was mache ich, wenn der andere „Nein" sagt?

Beispiel

Zwei alte Herren unterhalten sich in einem Seniorenwohn-
heim und erzählen von ihrem Leben. So erzählt der eine:
„Ich war nie verheiratet." Darauf der andere: „Haben Sie
nie die Richtige gefunden?" Erwidert der erste: „Doch,
doch. Als ich jung war, hat es bei uns im Dorf ein Mädel
gegeben." Er beginnt, verträumt zu lächeln, und erzählt
weiter, „… mit dem Mädel hätte ich mir vorstellen können,
mein Leben zu verbringen und eine Familie zu gründen.
Die hätte ich sofort geheiratet." Verständnisvoll fragt der
andere: „Und, hat sie „Nein" gesagt?" Darauf sagt der
erste: „Nein, ich hab sie nie gefragt. Weil wenn sie „Nein"
gesagt hätte, dann hätte ich mein Leben ohne sie verbringen müssen und das hätte ich nicht ertragen."

Die Angst vorm „Nein" führt uns dazu, viele Dinge
nicht oder nur vage auszusprechen, damit die Enttäuschung oder Blamage nicht zu groß ist, wenn man
eine Ablehnung erfährt. Im Verkauf gilt die Regel: „Bei
„Nein" beginnt die Verhandlung". Ein „Nein" bekommt
man als Erwiderung oft sehr schnell auch aus Bequemlichkeit. Wenn der andere den Wunsch ablehnt, hat er keine
weitere Arbeit. Wenn er meinen Wunsch erfüllt, hat er
zumeist irgendeine Form von Aufwand. Daher sind viele
„Neins" schlicht und ergreifend Bequemlichkeit, die nicht
direkt etwas mit meinem Wunsch zu tun haben.

Hartnäckigkeit

Wenn jemand durch ein „Nein" versucht, sich eine Arbeit
zu ersparen, bedeutet das, dass nichts Grundsätzliches
gegen die Erfüllung Ihres Wunsches spricht. Aus diesem

Grund wird es nun an Ihrer Hartnäckigkeit liegen, ob Sie Ihr Anliegen durchsetzen können.

Dazu eine Beobachtung aus der Praxis: In nahezu allen Einrichtungen des Gesundheitswesens ist Personal ein knapper Faktor. Wenn die Möglichkeit eines zusätzlichen Dienstpostens besteht, entscheidet die Direktion, welche Abteilung bzw. Station ihn bekommt. Jetzt raten Sie, was wir oft als Begründung hören, wie diese Zuteilung erfolgt: Es ist nicht alleine die Personalbedarfsrechnung (auf dieser basierend warten oft mehrere Abteilungen auf einen neuen Kollegen und können die Notwendigkeit begründen). Sehr oft ist (bei objektiv vergleichbarem Bedarf) die Abteilung, deren Leitung als „am lästigsten" empfunden wird, also den Dienstposten am hartnäckigsten einfordert, diejenige, die ihn dann bekommt. Man kann nun überlegen, ob es die Bequemlichkeit der Direktion ist, sich den weiteren Druck dieser Leitung zu ersparen oder die Annahme, dass die, die am lautesten jammern, wohl das größte Leid empfinden müssen. In jedem Fall zeigt sich, dass Hartnäckigkeit und konsequentes Auftreten zum Erfolg führen.

5.4 Hartnäckigkeitsstrategie

Eine gute Hartnäckigkeitsstrategie hat vier Elemente:

1. Verständnis für den Standpunkt des anderen
2. Wiederholung des Wunsches
3. Zusätzliche Erklärung
4. Frage um Lösungsvorschlag

Stellen Sie sich folgende Situation vor:

Beispiel

Sie formulieren Ihren klaren Wunsch (Bitte) an den wirtschaftlichen Leiter Ihres Hauses, dass Sie einen Visitenwagen mit der Möglichkeit, einen Laptop mitzuführen, für Ihre Station benötigen. Der Grund dafür ist, dass die Dokumentation doppelt erfolgt – Notizen beim Patienten, übertragen in das Dokumentationssystem, wenn Zeit ist – und man beim Dokumentieren öfters unterbrochen wird bzw. Dinge vergessen werden. Auch geht relativ viel Zeit für Patienten verloren, wenn am Nachmittag mehrere Personen vor dem Computer sitzen und dokumentieren, was vor allem bei einem knappen Personalstand zu Schwierigkeiten führt. In der klassischen Formulierung einer Bitte gehen Sie zum wirtschaftlichen Leiter und sagen: „Herr Zwölfer (Adressat), auf Grund der Personalsituation haben wir am Nachmittag Betreuungsengpässe, da immer mindestens zwei Kollegen mit Dokumentieren beschäftigt sind. Auch schleichen sich durch dieses nicht unmittelbare Dokumentieren regelmäßig Fehler ein. (Hintergrund). Ich würde Sie daher ersuchen, dass wir so rasch als möglich – am besten im Laufe des nächsten Monats (Zeitrahmen) einen Visitenwagen mit der Möglichkeit, eine Laptop mitzuführen, bekommen, wodurch die Dokumentation unmittelbar und ohne zusätzlichen Zeitaufwand durchgeführt werden kann (Wunsch).". Sie erkennen die Schritte eines unwiderstehlichen Wunsches. Nun gibt es jedoch Menschen, die auch einem unwiderstehlichen Wunsch zu widerstehen versuchen. Dann müssen Sie ein Schäuflein nachlegen und es ist die Hartnäckigkeitsstrategie gefragt. Wenn er beispielsweise sagt, „Wir haben derzeit kein Geld.", liegt es an Ihnen, hartnäckig zu sein. „Ja, ich verstehe, dass die Budgetsituation derzeit knapp ist **(Verständnis)**. Nur brauche ich einen entsprechenden Visitenwagen auf meiner Station **(Wiederholung des Wunsches),** damit die Mitarbeiter die Arbeit und die Leistung, die vom Haus gefordert sind, erbringen können **(Erklärung)**. Darum meine Frage, was wir machen können, damit wir ab nächsten Monat so einen Visitenwagen haben **(Frage nach Vorschlag)?"** Wirtschaftlicher Leiter: „Wie schon gesagt, die Budgetsituation ist knapp und die nächste Budgetbesprechung ist erst in sechs Wochen."

Reaktion: „Das versteh ich, dass das erst bei der nächsten Budgetbesprechung besprochen werden kann

(Verständnis), nur wir brauchen jetzt, innerhalb des nächsten Monats einen entsprechenden Visitenwagen (Wiederholung des Wunsches), damit die Betreuung auf der Station auch am Nachmittag sichergestellt werden kann. Momentan tragen einzelne Teammitglieder in ihrer Verzweiflung den Laptop unterm Arm von Zimmer zu Zimmer, was hygienisch grenzwertig ist, da es zeitlich sonst nicht möglich wäre (zusätzliche Erklärung). Daher nochmals meine Frage, was wir tun können, damit wir schon vor der Budgetbesprechung so einen Visitenwagen haben (Frage um Lösungsvorschlag)?" Vielleicht sagt der wirtschaftliche Leiter jetzt: „Sie sind aber ganz schön lästig und hartnäckig." Sie werden lächeln und sagen: „Ja, das mag sein, dass ich jetzt lästig und hartnäckig erscheine (Verständnis), weil wir einen entsprechenden Visitenwagen brauchen (Wiederholung des Wunsches), und zwar in den nächsten vier Wochen, damit unsere Arbeit auf der Station sicher und gesetzteskonform gut weiter gehen kann. Es geht dabei gar nicht um uns, sondern um die Vorgaben des Hauses (zusätzliche Erklärung). Also, wie machen wir das jetzt (Frage um Lösungsvorschlag)?" Der Verwalter wird vielleicht sagen: „Jetzt wiederholen Sie sich, aber ich hab Ihnen schon gesagt, mir sind die Hände gebunden, ich hab nur ein beschränktes Budget und die Anschaffung muss den formalen Weg durchlaufen." Sie kontern: „Ich verstehe, dass Sie nicht alles sofort entscheiden können (Verständnis). Nur wie schon gesagt, ich brauche jetzt so einen Visitenwagen (Wiederholung des Wunsches), damit mein Team die Arbeit im gesetzlichen Rahmen machen kann (zusätzliche Erklärung). Daher nochmal meine Frage, was ist Ihre Idee zur Lösung (Frage um Lösungsvorschlag)?" Der Verwalter entnervt: „Also, Sie sind wirklich lästig. Ich verspreche Ihnen, ich werde in der nächsten Budgetsitzung in sechs Wochen den Visitenwagen anfordern, damit er dann unverzüglich angeschafft werden kann, aber es wird wahrscheinlich in Summe acht Wochen dauern, bis er bewilligt ist, und dann muss er noch bestellt werden." „Das heißt, in 8 Wochen können wir dann unseren Visitenwagen bestellen. Das wird dem Team eine große Entlastung und den Patienten mehr Zeit bringen. Dann bedanke ich mich jetzt schon für Ihre Unterstützung." Und jetzt den Abschluss fixieren. „Wann soll ich mich an Sie wenden, damit wir die Details für die Bestellung fixieren?" „Sie hören von mir." „Das ist gut, wenn ich von Ihnen höre, aber nochmal die Frage, wann soll ich mich an Sie wenden? Sollen wir das vor der Budgetbesprechung bereits fixieren, welcher Wagen es werden soll oder danach?" Wirtschaftlicher Leiter, bereits ziemlich entnervt: „Bitte kommen Sie in der Woche vor der Budgetbesprechung am Mittwoch um 16 Uhr zu mir, zeigen Sie mir, welchen von diesen Visitenwägen Sie brauchen, damit wir das bei der Sitzung beschließen können." Sie, freundlich „Danke, Herr Zwölfer, für Ihre Unterstützung."

Zugegeben, er wird sie hassen, nicht lieben und allen erzählen, dass Sie eine ganz unmögliche Person sind. Nur: Sie haben Ihr Ziel erreicht. Beharrlichkeit führt zum Ziel. Alle anderen werden sagen, dass Sie nicht ganz einfach sind, aber Sie erreichen Ihre Ziele, während andere frustriert darüber jammern, dass „man nichts bekommt, egal, was man braucht". *Sie* sind die Station mit dem speziellen Visitenwagen, egal, was die anderen sagen. Gleiches gilt für Fortbildungen, Arbeitszeitänderung, aufgeräumte Zimmer, ausgemalte Keller oder Ähnliches. Bleiben Sie beharrlich und seien Sie überrascht, wie viel Sie erreichen … auch *nach* einem „Nein".

5.5   Feedback und Kritik

Und wenn ich übers Wasser laufen würde, würden meine Kritiker sagen: „Nicht mal schwimmen kann er." (Berti Vogts)

Das Thema Feedback und Kritik ist ein ganz Wichtiges. Es ist omnipräsent, denn jeden Tag gibt es irgendetwas, das aus irgendwelchen Gründen nicht passt. Jeden Tag gibt es Rückmeldungen, die gut oder weniger gut aufgenommen werden, jeden Tag wird vieles nicht gesagt, da man sich die fruchtlosen Diskussionen und die verärgerten Menschen nach einer Kritik ersparen möchte.

Haben Sie das schon einmal erlebt, dass alle auf der Station über einen Kollegen nörgeln, aber mit dem betroffenen Kollegen noch niemand gesprochen hat? Im Alltag wird Kritik zumeist als Tadel und in weiterer Folge als Angriff auf die eigene Person empfunden. Sofort geht man in eine Verteidigungshaltung, um sich zu rechtfertigen. Daraus entstehen lange Diskussionen ohne gutes Ende.

5.5.1 Bitte statt Kritik

Für die kleinen Unachtsamkeiten des Alltages ist ein kurzer Hinweis am allereinfachsten. Die Struktur entspricht der Struktur der Bitte aus dem vorigen Kapitel. Nach wie vor gilt, dass eine Bitte besser genommen wird als eine Kritik und dass die klare Aussage, was ich vom anderen möchte, erfolgreicher ist als ein Genörgel darüber, was nicht passt.

Beispiele für mehr oder weniger gute Formulierungen:

Nicht gut	Besser
„Warum sind denn schon wieder keine Inkontinenzmaterialen im Bewohnerzimmer?"	(Zur Abteilungshelferin): „Susi, bei Frau Cemak im Zimmer sind die Inkontinenzmaterialen aus. Kannst du bitte gleich welche nachfüllen, die anderen Zimmer kontrollieren und dann darauf achten, dass in jedem Zimmer 3 Einlagen auf Vorrat sind? Danke."

Nicht gut	Besser
Pflegeperson zum Arzt: „Warum kommen Sie denn unangekündigt zur Visite? Jetzt hat keiner Zeit."	„Sie sind jetzt etwas überraschend zur Visite da, wir haben auf Ihren Anruf gewartet. Können Sie zukünftig bitte wieder vorher Bescheid geben, damit wir es uns so einteilen können, dass auch ganz sicher jemand Zeit hat? Jetzt müssen Sie entweder 15 min warten oder alleine beginnen."
Kollegin, vor dem Dienstplan (freier Dienstplan, alle tragen nach einem vereinbarten Schema ein): „Wozu vereinbaren wir eigentlich irgendetwas, wenn sich dann keiner daran hält?"	„Gernot, mir ist aufgefallen, dass du dich bei zwei langen Diensten eingetragen hast, wo schon wer gestanden ist. Kannst du das bitte ändern, damit sich die anderen auch eintragen können?"
Pflegeperson zur Angehörigen, die ihrem bettlägerigem multimorbiden Vater Flüssigkeit einflößt: „Das können Sie doch nicht machen, der erstickt Ihnen ja!"	„Frau Schuster, ich finde es bewundernswert, wie Sie sich um Ihren Vater kümmern. Ich würde Sie nur bitten, ihm im Liegen kein Getränk zu verabreichen, da er kaum noch schlucken kann. Dadurch rinnt die Flüssigkeit in die Luftröhre und er kann eine Lungenentzündung bekommen. Wenn Sie meinen, er hat Durst, bitte läuten Sie, dann kommen wir sofort und können ihm gemeinsam etwas zu trinken geben. Ist das OK?"

Praxistipp

Bitten werden in der Regel besser genommen als Vorwürfe. Konkret adressierte Bitten noch besser als allgemein formulierte.

Was mache ich, wenn der andere nicht macht, worum ich ihn bitte?

Wenn Sie Ihre Bitte (statt einer Kritik) klar formuliert haben, der andere Ihrer Bitte allerdings nicht nachkommt, dann stellen sie sich folgende Frage: Habe ich die Legitimation, etwas zu verlangen?

Legitimation

Diese Legitimation kann durch Hierarchie, Berufsgruppe oder Hausordnung festgelegt sein.

Falls Ja:

Wiederholen Sie Ihre Bitte unter Bewusstmachen der nächsten Schritte, falls es wieder nicht gemacht wird. Die Struktur dazu (siehe nächstes Kapitel) heißt „Klartext sprechen und Spielregeln erklären". Wenn ein Fehlverhalten keine Konsequenzen hat, wird sich bei manchen Persönlichkeitstypen (speziell bei „weg von"-orientierten Menschen – erinnern Sie sich an Abschn. 3.4 Zuckerbrot und Peitsche – „Hin zu" oder „weg von") nichts ändern.

Zwei Beispiele:

Beispiel

Stationsleitung zu einer Mitarbeiterin: „Ich habe dich jetzt zweimal gebeten, bei der Wunddokumentation Fotos so zu machen, dass man auf dem Foto Patientennamen und Datum sieht. Jetzt habe ich entdeckt, dass das bei der aktuellen Doku von Herrn Schiela wieder nicht geklappt hat. **(Klartext)**. Bitte halte dich jetzt ausnahmslos an diese Vorgabe, sonst muss ich beim nächsten Mal eine schriftliche Dienstanweisung machen und ich denke, das wollen wir beide vermeiden **(Spielregeln erklären)**".

Beispiel

Sprechstundenhilfe zum Privatpatienten: „Herr Lux, jetzt haben Sie das zweite Mal einen Termin nicht wahrgenommen, ohne vorher abzusagen **(Klartext)**. Wenn Sie den nächsten wieder nicht wahrnehmen und auch nicht zumindest am Vortag absagen, muss ich Ihnen den Termin voll verrechnen **(Spielregeln erklären)**.“

Wenn Sie Konsequenzen durchführen (Aktenvermerk, Verrechnung…), OHNE diese vorher angekündigt zu haben, wird das als ungerecht und willkürlich erlebt. Daher unbedingt zuerst vorwarnen, dann erst umsetzen. ABER: Nach einer Vorwarnung MÜSSEN Sie umsetzen, sonst werden Sie unglaubwürdig.

Falls Nein:

Wenn Sie *nicht* die Legitimation haben, vom anderen etwas einzufordern, stellen Sie sich ehrlich die Frage, ob das „Nein“ des anderen nicht völlig in Ordnung ist. Wenn ein Kollege beispielsweise nicht Dienst tauschen möchte oder Ihnen nicht gleich oder erst später hilft, weil er selbst gerade beschäftigt ist, müssen Sie sich fragen, ob Sie sich umgekehrt nicht das gleiche Recht heraus nehmen wollten. Wenn das so ist, dann akzeptieren Sie ein „Nein“.

Falls sich das Nicht-Nachkommen jedoch auf Dinge bezieht, die eine Sache der Kollegialität oder Teamvereinbarung sind (Dienstplan, Helfen beim Lagern, korrekte Infoweitergabe …), können Sie es zur nächsten Ebene weitertragen. Beispielsweise eine Bitte an die verantwortliche Leitung richten (Struktur: Abschn. 5.2 „Unwiderstehliche Bitte“):

> **Beispiel**
>
> „Ich habe Kollegin Klein mehrfach gebeten, in den Unter-
> suchungskojen der Ambulanz zur Wahrung der Intim-
> sphäre die Vorhänge ihrer Koje zu schließen, wenn sie eine
> Untersuchung durchführt. Leider klappt es nicht und es
> kam schon zu einigen unangenehmen Situationen. Können
> Sie bitte bei der nächsten Morgenbesprechung den Punkt
> „Wahrung der Intimsphäre" aufgreifen und nocheinmal
> eindrücklich auf die Wichtigkeit hinweisen? Danke!"

Sie werden vermutlich nie alles erreichen, was Sie sich vor-
nehmen. Doch je klarer Ihre Absicht und je klarer Ihre
Wünsche sind, umso höher wird die Wahrscheinlichkeit,
dass Sie Ihre Ziele freundlich, aber bestimmt erreichen.

Die Geschichte vom kleinen Fehler

Es war einmal ein kleiner Fehler, der saß am Straßenrand
und weinte bitterlich vor sich hin. Da kam eine weise Frau
vorbei und fragte den kleinen Fehler was er denn hätte.
„Ach", sagt der kleine Fehler, „ich bin es so leid. Niemand
hat mich lieb. Überall, wo ich hinkomme, werde ich nur
beschimpft. Sobald ich auftauche, sagen die Leute „Blöder
Fehler", „Wir wollen keine Fehler", „Weg mit dem Fehler",
„Rottet Fehler aus", „Vermeide den Fehler". Wo ich auch
auftauche, ich werde als Belästigung empfunden. Überall
wird mit dem Finger auf mich gezeigt, ich werde gemieden
und verpönt. Ich bin zu gar nichts gut. Ich bin nur eine
Belastung für alle. Am besten wäre es, wenn es mich nicht
mehr gäbe." So saß der Fehler mit gesenktem Kopf und
weinte bitterlich, ob der Nutzlosigkeit seiner Existenz.
„Ach", sagt die weise Frau, nachdem sie das gehört hatte.
„Du siehst dich wohl nur nicht richtig, mein Freund.
Denn wenn du genau hinschaust, dann wirst du erkennen,
dass etwas ganz anderes in dir steckt. Und wenn du das,

was in dir steckt, auf die richtige Art betrachtest, wirst du erkennen, dass du in Wahrheit ein versteckter Helfer bist."

Und so kam es, dass der Fehler erkannte, dass er im Inneren seines Herzens ein Helfer war, dass er da war, um zu helfen, noch besser zu werden. Dass er da war, um zu unterstützen, der Exzellenz einen Schritt näher zu kommen. Dass er ein Lehrer war. Und von diesem Tag an war er mit sich und seiner Aufgabe glücklich und zufrieden.

Unsere Beobachtung aus vielen Jahren Begleitung von Stationen und Organisationen ist, dass sehr viel über Fehler gesprochen, allerdings viel zu selten der Helfer darin erkannt wird (Abb. 5.2).

Gerade wenn ein Fehler passiert und der andere steht zu mir, erhöht das meine Bindung im positiven Sinn enorm. Es zeigt, dass ich mich auch in schweren Zeiten auf den anderen verlassen kann. Geben Sie sich und den Menschen rund um sich die Möglichkeit zu wachsen. Seien Sie jeden Tag auf der Suche nach einem neuen Helfer, der Ihnen die Chance gibt, morgen ein wenig besser zu sein als heute. Wenn Sie am Ende eines Tages Ihre Fehler beklagen, haben Sie verloren. Wenn Sie Ihre

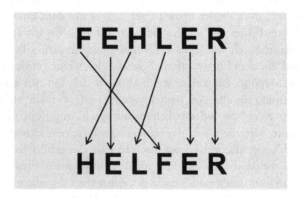

Abb. 5.2   Fehler – Helfer

Helfer feiern, haben Sie gewonnen. So fände ich ein „Helfer-Management" auch wesentlich zielführender als ein „Fehler-Management", denn wir wollen nicht die Fehler managen, sondern die Helfer und sie möglichst vielen Menschen zur Verfügung stellen, damit jeder einzelne Helfer der gesamten Organisation beim Wachsen helfen kann.

5.5.2 Das „Sandwich-Feedback" für Lernsituationen

Eine sehr gute Feedbackform für Lernsituationen ist das Sandwich-Feedback. Ziel ist, eine Kritik anzubringen, aber dennoch die Motivation hochzuhalten.

> **Beispiel**
>
> Stellen Sie sich vor, eine junge Kollegin räumt nach der Essensverabreichung ganz selbstverständlich die Tische ab, räumt auch das Geschirr aus den Zimmern und steckt dabei die gebrauchten Servietten in die Gläser, um das Geschirr besser tragen zu können. Eine Kollegin sieht das und sagt: „Also die Servietten kannst nicht in die Gläser stecken. Da regen sich die in der Küche wieder so auf."
>
> Die jungen Kollegin wird das als Tadel empfinden und sich denken: „Da bemüht man sich, räumt weg, denkt mit, doch am Ende muss man sich erst wieder anhören, was man falsch gemacht hat." Das frustriert.
>
> Nehmen Sie im Vergleich dazu folgende Struktur:
>
> „Ich finde es toll, wie selbstverständlich du das Geschirr wegräumst, sogar aus den Zimmern. Dafür haben manche Jahre gebraucht, bis sie daran gedacht haben. Wenn du jetzt noch die Servietten nicht in die Gläser gibst, sondern in die kleinen silbernen Körbchen, die am Geschirrwagen hängen, wirst du aus der Küche wahrscheinlich bald Liebesbriefe bekommen, weil für sie das Rausholen der Servietten aus den Gläsern recht zeitintensiv ist und sie immer total glücklich sind, wenn sie das Geschirr direkt in den Geschirrspüler räumen können. Doch unabhängig davon – wirklich schön, wie schnell du dich eingearbeitet hast."

Wenn Sie jetzt sagen: Aber das zweite dauert länger und warum soll ich so herumreden? Dann ist die Antwort sehr einfach: Erstens ist der Mehraufwand ca. 10 s, zweitens ist die andere Person dann motiviert, in Zukunft darauf zu achten. Wenn Sie sich die 10 s jetzt ersparen, werden Sie noch oft darauf hinweisen müssen und in Summe viel mehr Zeit investieren. Drittens ist die Kollegin motiviert und findet Sie nett und das ist immer hilfreich.

Übersicht Sandwich-Feedback

Das Sandwich-Feedback (Abb. 5.3) hat 3 einfache Schritte:

1. 2–3 konkret positive Wahrnehmungen
2. Einen konkreten Tipp/Verbesserungsvorschlag
3. Allgemein positiven Abschluss/positive Konsequenz

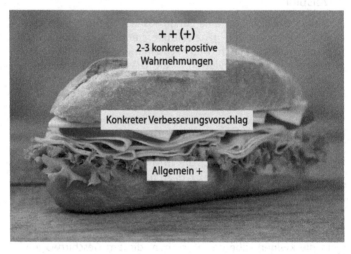

Abb. 5.3 Sandwich-Feedback. (Mod. nach © foto.fred/fotolia.com)

Beispiel

Schwester zu einem Insultpatienten, der die verordneten Übungen auf der Station nicht machen möchte: „Ich finde es toll, dass Sie schon wieder selbstständig zur Toilette gehen und sich sogar den Kaffee von draußen selber holen **(konkret positive Wahrnehmungen)**. Und ich denke, wenn wir jetzt auch noch die Übungen, die die Therapeutin gesagt hat, machen **(konkreter Tipp)**, dann werden Sie im Sommer wieder mit den Enkeln um die Wette laufen, weil Sie in den letzten 2 Wochen ganz tolle Fortschritte gemacht haben **(allgemein positiver Abschluss/positive Konsequenz)."**

Beispiel

Kollegin zu einer anderen, nachdem diese von einem Angehörigen auf der Station beschimpft worden ist: „Ich finde es unglaublich, wie du in der Situation ruhig geblieben bist und dem Angehörigen sogar den Eindruck vermittelt hast, dass du ihm aufmerksam zuhörst **(konkret positive Wahrnehmung)**. Ich bin überzeugt, wenn du mit ihm nach so einer Situation noch in einem 4-Augen-Gespräch die Sache für die Zukunft regelst **(konkreter Tipp)**, dann wären viele Probleme mit dieser Person gelöst, weil du einen ganz besonderen Zugang findest **(allgemein positiver Abschluss/positive Konsequenz)."**

Übung

Überlegen Sie für folgende Situationen eine Rückmeldung in Sandwich-Form:

1. Zahnärztin will einem Patienten sagen, dass er auch noch Zahnseide verwenden soll.
2. Internist will Patient klar machen, dass er eine regelmäßige und nicht nur sporadische Blutdruckmessung durchführen und diese in eine Tabelle eintragen soll.

Mögliche Sandwich-Feedbacks finden Sie in Anhang 5.

Weiterführende Literatur

Beitz H (2003) Praxishandbuch Leiten-Führen-Motivieren. Verlag Dt, Wirtschaft

Berckhan B (2006) Sanfte Selbstbehauptung. Die 5 besten Strategien, sich souverän durchzusetzen. Kösel-Verlag, München

Erhardt U (2000) Gute Mädchen kommen in den Himmel, böse überall hin: Warum Bravsein uns nicht weiterbringt. FISCHER Taschenbuch

6

Vorwürfe, Angriffe und Widerstände

„Schlagfertigkeit ist etwas, das uns immer 24 Stunden später einfällt. (Mark Twain)

Mit all den Techniken, die Sie bisher im Buch gefunden haben, sollten Sie schon in vielen Situationen souverän und klar an Ihr Ziel kommen. Dennoch wird es immer wieder Menschen geben, die sich davon nicht beeindrucken lassen. Für diese finden Sie in diesem Kapitel eine Sammlung von sechs rhetorischen Tricks, die Ihnen helfen, auch in schwierigen Gesprächssituationen auf Kurs zu bleiben.

© Der/die Autor(en), exklusiv lizenziert durch Springer-Verlag GmbH, DE, ein Teil von Springer Nature 2022
A. Seidl, *Freundlich, aber bestimmt – Die richtigen Worte finden in Gesundheitsberufen,* Top im Gesundheitsjob,
https://doi.org/10.1007/978-3-662-65045-5_6

6.1   Einwand als Anregung nutzen

Oft kann man den Einwand, den der andere bringt, als Vorschlag aufnehmen und wertschätzen. Das nimmt beim anderen den Wind aus den Segeln und hilft Ihnen, auf Kurs zu bleiben, statt sich in Diskussionen zu verstricken.

Diese Strategie bietet sich speziell bei Einwänden wie „zu wenig", „zu viel", „zu kurz", „zu schwierig", „zu …" an.

Mögliche Struktur Ihrer Antwort:

1. Wichtiger Punkt. Stimmt, das gehört berücksichtigt …
2. Und genau deshalb reden wir darüber/sitzen wir beisammen …
3. Das heißt, was können wir jetzt tun?

Die folgenden Beispiele verdeutlichen diese rhetorische Form:

> **Beispiel**
>
> „Wir haben heute nicht genug Personal auf der Station, um das umzusetzen."
>
> Statt zu sagen: „Nein, das stimmt nicht, weil …", ist es besser, sich an oben erwähnte Struktur zu halten:
>
> → Stimmt, die Personalsituation ist heute knapp und genau deshalb reden wir jetzt darüber. Wie können wir es angehen, um mit diesem Personalstand diese Aufgabe zu bewältigen?"

Beispiel

„Ich möchte diese Therapie nicht machen, ich habe Sorge wegen der Nebenwirkungen."
→ „Die möglichen Nebenwirkungen sind natürlich ein wichtiges Thema, das man klären muss. Genau deshalb führen wir dieses Gespräch. Überlegen wir, was wir tun können, um diese Nebenwirkungen zu verringern, so dass Sie die Therapie machen können, oder was die Alternative ist."

Beispiel

Ärztin auf die Bitte, mit der Angehörigen einer Patientin zu sprechen: „Mit der kann man nicht reden, die wird sofort aggressiv."
→ „Stimmt, die Angehörige ist manchmal nicht einfach. Genau deshalb ist es gut, dass wir zwei jetzt im Vorhinein darüber reden. Also, wie und in welchem Rahmen könnte man mit ihr das Gespräch führen, ohne dass sie sofort aufbrausend wird?"

6.2 Klartext sprechen und Spielregeln erklären

Wie oft kommt es vor, dass man sich über einen anderen ärgert, aber dann doch nichts sagt? Hier die richtigen Worte zu finden, scheint manchmal schwierig. Es ist jedoch wichtig, da Sie sich nur abgrenzen können, wenn Sie Ihre Grenzen klar aufzeigen. Je sachlicher Sie das machen, umso eher versteht und akzeptiert das der andere.

Eine einfache Struktur dafür ist „Klartext sprechen und Spielregeln erklären".

Mögliche Struktur Ihrer Antwort:

1. Klartext sprechen Direkt ansprechen, was Sie gerade erleben. Hier ist es wichtig, kurz, klar, mit fester Stimme und direktem Augenkontakt zu sprechen.
2. Kurze Pause Dies verleiht dem Gesagten mehr Nachdruck.
3. Spielregeln erklären Bevor der andere auf den „Klartext" etwas antwortet, sagen Sie dem anderen klar, welches Verhalten Sie von ihm wollen. Erinnern Sie sich an Abschn. 2.3 über Ziele: Auch in der Kommunikation müssen Sie durch den „Zielrahmen". Geben Sie dem anderen die Chance, sich so zu verhalten, wie Sie es wünschen, indem Sie Ihre Vorstellungen oder Vorschläge konkret aussprechen.

Die folgenden Beispiele verdeutlichen diese rhetorische Form:

Beispiel

Eine Kollegin wird im Zuge einer Diskussion immer lauter:
→ „Du wirst immer lauter und ich fang mich auch schon zu ärgern an. So wird das Gespräch nicht gut ausgehen (Klartext) – 3 s **Pause** – die Botschaft muss ankommen. Lass uns in **10 min** weiterreden, wenn wir uns abgekühlt haben" **(Spielregeln)**.

Beispiel

Auch bei lauten Angehörigen funktioniert das:
→ „Sie schreien mich jetzt an und werden persönlich beleidigend (Klartext). Kurze **Pause**. Ich bin ruhig und bitte Sie um das Gleiche, sonst beende ich das Gespräch für den Moment (Spielregeln).

Praxistipp

Bei allen starken Emotionen gilt das, was schon bei der Beschwerde gesagt wurde: Achten Sie darauf, aus der Schusslinie zu gehen, achten Sie auf eine ruhige Atmung. Lassen Sie den aufgebrachten Menschen zuerst „auskübeln", auch wenn das, was diese Person sagt, eine ziemliche Frechheit ist. Wenn Sie in die Emotion hinein versuchen, Ihren Standpunkt klarzulegen, werden Sie nicht durchkommen.

Beispiel

Vorgesetzte weist eine Mitarbeiterin nach einer Patientenbeschwerde zurecht, noch bevor sie der Mitarbeiterin die Chance zur Rechtfertigung gegeben hat.

→ „Sie machen mir jetzt ziemliche Vorwürfe über das, was ich angeblich getan hätte, noch bevor Sie sich aus meiner Sicht anhören, was tatsächlich passiert ist. Ich finde das unfair." **(Klartext)** Kurze **Pause**. „Lassen Sie mich zuerst meine Sichtweise der Situationen darlegen und dann überlegen wir, ob das angemessen war oder nicht." **(Spielregeln)**.

Beispiel

Eine Diskussion dreht sich im Kreis. Es wird vom Gegenüber stets betont, was warum nicht geht.

→ „Ich denke, wir drehen uns im Kreis und kommen hier nicht weiter. Wenn wir so diskutieren, ist es schade um die Zeit **(Klartext)**. Kurze **Pause**. Lassen Sie uns die nächsten Minuten nutzen, um alle Ideen, die möglich sind, zu sammeln, und dann überlegen wir, welche wir auswählen **(Spielregeln)**.

6.3   Rekontextualisieren

Rekontextualisieren ist eine wunderbare Sache, die sich wie ein Schweizer Taschenmesser in unzähligen Situationen verwenden lässt.

Sie werden oft erleben, dass Menschen vom Hundertsten ins Tausendste kommen, von einem Thema zu einem anderen springen oder Sie plötzlich mit Dingen und Argumenten konfrontieren, die nichts zur Sache tun. An dieser Stelle beginnt man oft, diese neuen Themen zu argumentieren und sich gleichzeitig zu ärgern, dass man das überhaupt besprechen muss. Rekontextualisieren ist hier eine ganz einfache Möglichkeit, um wieder zum ursprünglichen Thema (in den ursprünglichen Kontext) zurückzukommen.

Mögliche Struktur Ihrer Antwort:

- Es geht nicht um …, sondern um …
- Die Frage ist nicht …, sondern …
- Das Thema ist nicht …, sondern …

Die folgenden Beispiele verdeutlichen diese rhetorische Form:

Beispiel

Eine grundsätzlich mobile Patientin beschwert sich, dass ihr die Kollegin, die gestern im Dienst war, einen Tee gebracht hat, während Sie sie gerade aufgefordert haben, sie möge sich ihren Tee bitte selbst holen, da sie aufstehen kann.

„Die Schwester gestern hat mir aber den Tee gebracht. Warum sind Sie nicht auch so hilfsbereit und freundlich?"

→ **„Es geht nicht um** hilfsbereit und freundlich, **sondern** darum, was Ihnen am besten hilft. Und heute sollten Sie bereits das Bett verlassen und jeder Schritt, den Sie machen, hilft Ihnen dabei, wieder besser zu gehen. Daher meine Bitte, dass Sie sich den Tee einfach selbst nehmen. Ist das in Ordnung, Frau Huber?"

Beispiel

Eine Patientin bittet die Pflegeperson um Information bzgl. der Diagnose, die Patientin wurde vom Arzt allerdings noch nicht aufgeklärt.

„Der Arzt sagt mir nichts, und Ihnen bin ich sowieso völlig egal, weil Sie wollen mir auch nichts sagen, obwohl Sie was wissen. Zuerst erklären Sie mir, dass Sie für mich da sind, dann hab ich eine Frage und Sie beantworten sie mir nicht. Ich find das sehr unfair."

→ „Ich kann Sie verstehen Frau Müller, bloß **geht's hier nicht** um fair oder nicht fair, **sondern** um dürfen oder nicht dürfen. Und der Arzt ist der einzige, der befugt ist, Ihnen die Diagnose zu sagen, da ich Ihnen möglicherweise etwas Falsches erzählen kann oder eine falsche Antwort geben kann und das wär natürlich ganz furchtbar. Aber ich werde Frau Dr. Schmidt nochmal sagen, sie möge so schnell wie möglich kommen, um sich in Ruhe mit Ihnen zu unterhalten."

Beispiel

Die neue Abteilungsleiterin erklärt dem Team, welche Änderung im Bettenmanagement geplant ist. Eine Kollegin meint: „Das System kenne ich, das habe ich vor 3 Jahren in einem anderen Haus erlebt. Das funktioniert nicht, weil…"

Die Abteilungsleiterin antwortet: „**Die Frage ist nicht** so sehr, warum es vor 3 Jahren in Ihrem alten Haus nicht funktioniert hat, **sondern** eher, wie wir es hier zum Funktionieren bringen. Und darüber möchte ich mich mit Ihnen unterhalten.

6.4 Argumente durch die Werte des anderen untermauern

Manchmal ist es hilfreich, in einer beginnenden Diskussion zwischendurch Konsens zu bekommen und sicherzustellen, dass man selbst und der andere der gleichen Meinung ist. Hier hilft es, die eigenen Ideen und Argumente mit den Werten des anderen zu untermauern.

Mögliche Struktur Ihrer Antwort:

1. Werte des anderen Ich nehme an, Ihnen ist es auch wichtig, dass …, oder? Sagen Sie dabei Dinge, denen der andere nur zustimmen kann. Die Phrase „oder?" motiviert danach zu einem Konsens, einem Nicken oder einem „Ja." Sobald Sie diese Zustimmung wahrnehmen, kommt der zweite Teil:
2. Zustimmung Warten Sie auf ein Zeichen der Zustimmung, z. B. ein Nicken.
3. Eigenes Argument Eben. Deshalb schlag ich vor, dass wir/Sie jetzt … Mit dieser Formulierung kommen Sie wieder zu Ihrem ursprünglichen Anliegen zurück.

Die folgenden Beispiele verdeutlichen diese rhetorische Form:

> **Beispiel**
>
> Frau Waldner diskutiert mit der Pflegeperson darüber, dass ihre Mutter (die starke Kontrakturen hat) nicht korrekt, also mit Bluse und Weste, angekleidet ist.
> → „Frau Waldner, ich nehme an, Ihnen ist auch wichtig, dass Ihre Mutter keine unnötigen Schmerzen hat, oder?" **(Werte des anderen) – Zustimmung abwarten –** „Eben. Daher haben wir Ihr heute keine Bluse angezogen, sondern das Nachthemd gelassen und eine Decke über den Schoß

gelegt, weil auf Grund Ihrer Kontrakturen das Anziehen sehr schmerzhaft ist **(eigenes Argument)**. Vielleicht können wir gemeinsam überlegen, wie wir in Zukunft das Kleidungsthema so lösen, dass Ihre Mutter aus Ihrer Sicht angemessen gekleidet ist UND keine Schmerzen dabei hat?"

Beispiel

6:45 Uhr, Dienstübergabe. Es gibt zwei Krankenmeldungen und es findet sich keiner, um einzuspringen. Die Minimalpräsenz wird dadurch jedoch nicht unterschritten. Unter den anwesenden Mitarbeitern herrscht lautstarkes Wehklagen darüber, dass man so ja wohl keinen Dienst machen kann.

→ „Ich denke, ihr wollt auch, dass der heutige Tag trotz des knappen Personalstandes möglichst gut abläuft, sodass wir am Abend stolz auf uns sein können, oder?" **(Werte des anderen)** – Zustimmung abwarten – „Eben. Darum schlag ich vor, dass wir nicht beklagen, was wir nicht ändern können, sondern uns überlegen, wie wir den Tag am besten organisieren. Also, was für Vorschläge gibt es?" **(eigenes Argument)**.

Wenn dann als Antwort kommt „Ja, aber ...", „Es ist halt sehr mühsam ...", „Das kann ja nicht funktionieren ...", „Das ist so schwierig, wenn so wenig Leute da sind ...", dann können Sie auf **Rekontextualisieren** zurückgreifen: „Das stimmt schon, dass es schwierig ist. Bloß ist die Frage nicht, ob's mühsam oder nicht mühsam ist, da wir es ohnehin nicht ändern können. Die Frage ist, wie wir den Tag am besten organisieren. Also noch einmal (jetzt sind Sie **verständnisvoll, aber beharrlich** – siehe nächster Punkt), wie werden wir den Tag heute organisieren, damit er möglichst gut über die Bühne geht?"

6.5   Verständnis zeigen, aber beharrlich bleiben

Diese Strategie ist dann gut, wenn Sie Ihren Standpunkt dargelegt haben, vielleicht auch ein „Nein" formuliert, also einen Wunsch abgelehnt haben, Ihr Gegenüber jedoch immer wieder zu seinem Thema oder Anliegen zurück kehrt.

Mögliche Struktur Ihrer Antwort:

1. Verständnis zeigen
   Ich verstehe Sie/dich ...
   Das ist natürlich eine unangenehme Situation ...
   Klar ist das sehr schwierig ...
   Das kann ich gut nachvollziehen ...
   Es würde mir an Ihrer Stelle vermutlich ganz ähnlich gehen ...
2. Beharrlich bleiben
   ... trotzdem muss ich Sie darauf hinweisen, dass ...
   ... kann ich dir leider nur sagen, dass ...
   ... geht es bei mir leider nicht, daher ...
   ... ist es im Moment so, dass ...

Praxistipp

Sie können diese Strategie bei allen bisherigen Beispielen verwenden, wenn Sie nicht sofort zu Ihrem Ziel kommen.

Die folgenden Beispiele verdeutlichen diese rhetorische Form:

Beispiel

Frau Waldner beharrt darauf, ihrer Mutter trotz Kontrakturen eine Bluse anzuziehen.

→ „Frau Waldner, ich verstehe, dass Sie wollen, dass Ihre Mutter gepflegt aussieht, und ich unterstütze Sie dabei gerne **(Verständnis zeigen)**, nur, wie schon gesagt, sie hat so starke Kontrakturen, dass sie in die Bluse nur unter großen Schmerzen hineinkommt, und deshalb lassen wir ihr heute das Nachthemd an **(beharrlich bleiben)**."

Beispiel

Frau Müller möchte trotz der Erklärung ihrer Pflegeperson vor der ärztlichen Information bereits die medizinische Diagnose wissen.

→ „Noch einmal Frau Müller, ich kann das gut nachvollziehen, dass Sie das wissen möchten **(Verständnis zeigen)**, nur, wie schon gesagt, diese Information darf Ihnen nur der Arzt geben, darum hole ich jetzt Frau Dr. Schmidt **(beharrlich bleiben)**."

Beispiel

Auch im Kollegenkreis ist das sehr hilfreich: Eine Kollegin will Dienst tauschen. Sie schaffen es, „Nein" zu sagen, doch die Kollegin lässt nicht locker: „Na geh, aber ich hab Theaterkarten und das musst du doch verstehen. Bitte tausche mit mir."

→ „Du, ich versteh das gut, und natürlich ist das super ärgerlich, wenn man Theaterkarten bekommt und dann gerade an diesem Tag Dienst hat **(Verständnis zeigen)**. Nur, wie schon gesagt, ich hab an diesem Tag auch schon etwas vor und darum, so leid es mir tut, geht es diesmal nicht. Wenn ich könnte, würde ich natürlich, aber an dem Tag geht es leider nicht **(beharrlich bleiben)**."

Auch wenn die Kollegin dann droht: „Wenn du das nächste Mal etwas von mir willst, brauchst du gar nicht mehr kommen." Bleiben Sie dabei und sagen: „Es tut mir sehr leid, dass du das jetzt so siehst und ich versteh auch deinen Ärger **(Verständnis zeigen),** nur – noch einmal – ich hab auch bereits etwas vor und darum geht es leider nicht. Wenn ich nichts vorhätte, dann wäre es kein Thema **(beharrlich bleiben)."** Lassen Sie sich nicht erpressen!

6.6   Hinterfragen

In der Rhetorik gibt es den Spruch:

„Wer fragt, der führt."

Tatsächlich ist „fragen" die beste Möglichkeit, um herauszufinden, worum es dem anderen wirklich geht. Oft stellt man sich im Gespräch Fragen wie: „Wie meint er das?", „Wieso glaubt der das?", „Worum geht's dem gerade?", allerdings werden sie selten laut gestellt. Dadurch geben wir dem anderen gar nicht die Chance, die gesamten Informationen zu geben. Über „Fragen" sind unzählige Bücher geschrieben worden. Ich möchte Ihnen hier nur ein paar Varianten von Fragen anbieten, die sich im Alltag als sehr hilfreich bewährt haben.

Worum geht es Ihnen?
Es gibt Menschen, das können Patienten gleichermaßen wie Kollegen aller Berufsgruppen sein, die Ihnen sehr ausschweifend etwas erzählen und Ihnen Informationen geben, Sie jedoch nicht so recht dahinter kommen, was sie eigentlich genau wollen. Es kann sein, dass man sich dann selbst schlecht fühlt, weil man denkt: „Ich bin zu blöde zu verstehen, was mir der andere sagen will."
Beruhigen Sie sich, in der Regel weiß der andere selbst noch nicht so recht, worum es ihm geht und erzählt, was

Abb. 6.1 Worum geht es Ihnen gerade?

ihm gerade durch den Kopf geht. Speziell hier ist die Frage „Worum geht es Ihnen?" sehr hilfreich (Abb. 6.1). Man kann diese Frage auch höflich verpacken, dann ist sie noch eleganter.

Mögliche Formulierungen wären:

- „Stopp/einen Moment!" (freundlich, aber klar gesagt, ist das ein guter Unterbrecher) oder
- „Helfen Sie mir kurz. Nur damit ich Sie richtig verstehe" (vermittelt Wertschätzung) und dann die Frage:
- „Worum genau geht's Ihnen gerade?"

Diese Formulierung „Worum genau geht's Ihnen gerade?" zwingt den anderen, auf den Punkt zu kommen. Die Antwort hilft Ihnen, den anderen zu verstehen, und die Frage hilft auch dem anderen, seine Gedanken zu ordnen und für sich selbst zu klären, worum es ihm eigentlich geht.

Was genau …?
Sie werden vermutlich oft mit vagen Aussagen konfrontiert. Die Gefahr ist, dass man auf diese vagen Aussagen einsteigt.

Beispielformulierungen:

- „Niemand kümmert sich um meinen Vater."
- „Die andere Ärztin ist sehr unhöflich."
- „Auf eurer Abteilung gibt's ja keine Verbindlichkeit."
- „So viel Nachlässigkeit wie hier hab ich nur selten erlebt."

All das sind Vorwürfe, die einen dazu bringen können, sofort aufzuspringen, sich zu rechtfertigen oder zu widersprechen: „Nein, das glaub ich nicht", „das stimmt nicht", „das können Sie so nicht sagen" … Dies wäre der Beginn eines handfesten Konfliktes. Bringen Sie es lieber auf die ganz konkreten Fakten zurück, denn nur über die kann man tatsächlich reden.

Beispielformulierungen:

- „Was genau ist vorgefallen, dass Sie den Eindruck haben, niemand kümmert sich um Ihren Vater?"
- „Was genau hat die Kollegin gesagt, das Ihnen unhöflich erschienen ist?"
- „Was genau ist denn passiert, dass bei Ihnen der Eindruck entstanden ist, dass es keine Verbindlichkeiten gibt?"
- „Was genau ist denn passiert, dass Sie den Eindruck von Nachlässigkeit haben?"

Sobald man bei der konkreten Sache ist, kann man sie entweder erklären, eine Lösung finden oder möglicherweise sich auch tatsächlich für etwas, das geschehen ist, entschuldigen: „Oh, das tut mir leid, das hätte wirklich nicht passieren dürfen. Vielen Dank für den Hinweis." Auch für Entschuldigungen gilt: Kurz, klar und freundlich wird sie besser genommen als langatmige Rechtfertigungen.

Wie genau kann ich Ihnen helfen?
Oft gibt es Patienten oder Angehörige, die in starken Emotionen sind, die ihr Leid klagen oder ihren Sorgen Ausdruck verleihen und man fühlt sich, das anhörend, hilflos und weiß nicht genau, was man tun soll. Hören Sie zuerst zu und geben Sie dem anderen kurz Zeit, seine Sorgen loszuwerden.Dann fragen Sie nach, wie sie helfen können.

Beispiel

„Das ist natürlich wirklich eine schwierige Situation. Herr Müller, wie genau könnte ich Ihnen hier helfen?" Oft wird der Patient oder Angehörige sagen: „Na eigentlich können Sie mir gar nicht helfen, aber ich bin schon einmal froh, dass Sie mir zugehört haben."

Das entlastet Sie, da Sie aus dem inneren Druck, Sie sollten jetzt etwas Hilfreiches sagen, rauskommen. Sollte die Person andererseits doch eine konkrete Hilfe einfordert, ist es für Sie sich auch leichter, wenn Sie wissen, wie Sie helfen können.

Was ist Ihre Idee oder Vorstellung?
Oft passiert es, dass man als Ideenlieferant benutzt wird, doch jeder Vorschlag, den man macht, wird mit einem „Ja, aber …" abgeschmettert.

Beispiel

„Ich könnte Sie eine Runde in den Garten begleiten."
→ „Ja, aber heute ist es mir zu kalt."

Beispiel

„Ich könnte ein Gespräch mit dem Oberarzt organisieren."
→ „Nein, mit dem habe ich schon gesprochen, das bringt ohnehin nichts."

Wenn Ihre Ideen nicht ankommen, fragen Sie den anderen nach seinen.

Beispiel

„Ich habe jetzt einige Vorschläge gemacht, die scheinen nicht zu passen. Was wär Ihre Idee/Vorstellung?" Wenn dann als Antwort kommt „Ja, ich weiß das auch nicht", können Sie mit gutem Gewissen sagen: „Es tut mir leid, ich dürfte auch noch nicht die richtige Idee gehabt haben. Vielleicht überlegen Sie noch, was für Sie passen würde. Ich komme nachher nochmal vorbei und wenn Sie dann eine Idee haben, überlegen wir weiter, ob das machbar ist."

Was müsste passieren, damit doch?

Bei der Hartnäckigkeitsstrategie haben Sie schon eine Idee bekommen, wie wichtig es ist, an einer Sache dran zu bleiben. Um noch hartnäckiger zu werden, können Sie diese Frage gut bei „Killerphrasen" verwenden. Mit Killerphrasen sind Formulierungen gemeint, die eine sprachliche Mauer aufbauen. Ziel dieser Phrasen ist, eine Diskussion zu beenden.

Beispielformulierungen:

- Das geht nicht.
- Bei uns kann man das nicht machen.
- Das hat noch keiner geschafft.
- Ich kann hier nicht weiterhelfen.
- Das wird nicht funktionieren.
- Dafür haben wir zu wenig Zeit.
- Dafür gibt es kein Geld.

Ihr Ziel hingegen ist, über diese Mauer hinwegzukommen und das Gespräch weiterzuführen. Auch damit werden Sie sich nicht automatisch Freunde machen, vor allem bei den Menschen, die Sie nicht mehr abwimmeln können. Machen Sie sich nichts draus. Dafür werden Sie neue Freunde unter denen finden, die durch Ihre Hartnäckigkeit einen Vorteil haben.

- Das geht nicht. → Was müsste passieren, damit es doch geht?
- Bei uns kann man das nicht machen. → Was müsste passieren, damit man es machen kann?
- Das hat noch keiner geschafft. → Was wäre nötig, damit es einmal einer schafft?
- Ich kann hier nicht weiterhelfen. → Wer kann hier weiterhelfen?
- Das wird nicht funktionieren. → Was wäre nötig, damit es funktioniert?
- Dafür haben wir zu wenig Zeit. → Was müssten wir tun, damit wir es trotz der Zeitknappheit schaffen?
- Dafür gibt es kein Geld. → Was müssten wir tun, damit wir das Geld dennoch bekommen?

Sogar wenn eine „blöde" Antwort kommt, zum Beispiel: „Ein Wunder", können Sie getrost weiterfragen: „Welche

Art von Wunder?" – „Der Finanzchef müsste ein weiches Herz bekommen" – „Was könnte ihn überzeugen, damit sein Herz weicher wird und er diese Idee unterstützt?"

Gehen Sie grundsätzlich davon aus, dass es immer eine Lösung für Ihr Problem oder Anliegen gibt, und wenn der andere sagt: „Das geht nicht", „Das haben wir nicht", „Das kann man nicht", liegt es oft nur daran, dass der andere die Lösung nicht kennt. Bleiben Sie so lange dran, bis Sie dort sind, wo Sie hinwollen.

> **Praxistipp**
>
> Ihr Ziel darf nicht sein, lieb, brav und gern gemocht zu sein, sondern erfolgreich, geschätzt und respektiert.
>
> Überlegen Sie einmal, wenn Sie dereinst in den wohlverdienten Ruhestand gehen, was würden Sie da lieber zu Ihrem Abschied hören? „Sie war lieb, brav, von allen gemocht und hat immer artig ihre Dinge erledigt.", oder „Sie war erfolgreich, ist ihren Weg gegangen, hat ihre Meinung vertreten. Auch wenn es für sie nicht immer einfach war, so hat sie doch viel bewegen können, wofür sie von allen im höchsten Maße respektiert wurde."

Weiterführende Literatur

Berckhan B (2006) Sanfte Selbstbehauptung. Die 5 besten Strategien, sich souverän durchzusetzen. Kösel-Verlag, München

Blickhan C (2000) Die sieben Gesprächsförderer. Herder Spektrum

Kühne de Haan (2001) Ja, aber. Die heimliche Kraft alltäglicher Worte und wie man durch bewusstes Sprechen selbstbewusster wird. F.A. Herbig Verlagsbuchhandlung GmbH, München

Nöllke M (2012) Schlagfertigkeit. Die 100 besten Tipps, 2. Aufl. Haufe- Lexware GmbH&Co, Freiburg

Pöhm M (2004) Nicht auf den Mund gefallen. So werden Sie schlagfertig und erfolgreicher, 7. Aufl. Wilhelm Goldmann Verlag, München

Pöhm M (2007) Das Nonplusultra der Schlagfertigkeit. Die besten Techniken aller Zeiten, 7. Aufl. Wilhelm Goldmann Verlag, München

Pöhm M (2013) Frauen kontern besser. So werden Sie richtig schlagfertig. mvg-Verlag

Scheibel G (1996) Konflikte verstehen und lösen. Brendow-Verlag, Ein Handbuch für Betroffene

Schleichert H (2005) Wie man mit Fundamentalisten diskutiert, ohne den Verstand zu verlieren. Anleitung zum subversiven Denken, 5. Aufl. Verlag C.H.Beck

7

Was tu ich, wenn …?

Im folgenden Kapitel sind noch einmal ein paar ganz spezielle Situationen herausgegriffen und es werden jeweils einige konkrete Tipps aus der Praxis gegeben, wie Sie sich in diesen Situationen verhalten können. Manche dieser Situationen sind sehr komplex und würden für sich ein ganzes Buch erfordern, daher kann hier nur Platz für ein paar Impulse zu dem jeweiligen Thema sein.

Sie werden in diesem Kapitel auch viele der Strategien aus dem Buch wieder erkennen.

7.1 Beleidigungen und persönliche Angriffe

Beispiele für beleidigende Formulierungen:

- „Sie Idiot!"
- „Ihr habt meine Mutter umgebracht!"

- „Wenn ich gewusst hätte, wie dumm Sie sind, hätte ich Sie nie eingestellt."
- „Denkst du eigentlich auch beim Arbeiten?"
- „Die Patienten sind euch völlig egal."
- „Ihr schaut doch nur auf euren Vorteil."
- Patientin: „Tun Sie, was ich sage. Schließlich zahle ich Ihr Gehalt."

Solche und wahrscheinlich viele andere Angriffe, Vorwürfe oder persönliche Beleidigungen müssen die meisten Menschen in ihrem Berufsleben immer wieder mal hören. Sie sind glücklicherweise die Ausnahme und nicht die Regel. Umso mehr erwischt es einen dann eiskalt, wenn man solch eine Aussage entgegen geschleudert bekommt. Dann ist es hilfreich, ein paar Strategien zum Kontern parat zu haben.

Ihre Strategie

1. Schritt – Keep cool!
   Den Teil kennen Sie schon von der Beschwerde-strategie: Achten Sie darauf, dass Sie tief **durchatmen,** nach Möglichkeit **aus der Schusslinie gehen,** also keine frontale, sondern eine offene (seitliche) Körperhaltung zum anderen einnehmen … und dann atmen Sie noch einmal durch. Halten Sie dabei direkten **Augenkontakt,** das alleine zeigt dem anderen bereits, dass Sie weder Opfer noch leichte Beute sind und bringt einige sofort dazu, wieder einen Gang runter zu schalten.
2. Schritt – Antworten
   Beim Antworten haben Sie mehrere Möglichkeiten. Einige kennen Sie aus dem vorigen Kapitel:
   - Klartext sprechen und Spielregeln erklären: Das ist bei Beleidigungen *die* Standardreaktion, die nahezu immer passt.
   - Rekontextualisieren
   - Hinterfragen

Eine neue Strategie biete ich Ihnen zusätzlich an. Sie ist sehr charmant, kann aber auch als provokant empfunden werden und passt nicht immer. Hier ist Ihr Fingerspitzengefühl gefordert. Manche Menschen bringen sie kaum über die Lippen, aber die, die mit ihr umgehen können, haben eine schelmische Freude beim Anwenden: die **charmante Rückfrage.**

Während der andere Sie angreift, hinterfragen Sie den Vorwurf höflich. Das ist irritierend und entwaffnend, da mit so einer Reaktion kaum jemand rechnet:

- Angriff: „Ihr seid alles Idioten. Bei euch wartet man Stunden, bis man versorgt wird. Ihr könnt ja alle nicht arbeiten!"
- Konter: „Sie haben sich eine kürzere Wartezeit erwartet?"
- Egal, was der andere dann sagt. Sie können seine Replik kontern mit „Ah, verstehe" und dann Ihren ursprünglichen Standpunkt anbringen: „Wissen Sie, es ist hier in der Ambulanz so, dass die Ärzte manchmal zu Notfällen müssen. Dann kann es sich verzögern…"
- Angriff: „Du bist echt schlampig"
- Konter: „Du hast dir ein anderes Ergebnis erwartet?"

7.1.1 Mögliche Repliken zu den oben angeführten Vorwürfen

Beleidigung 1: „Sie Idiot!"
Antwortbeispiele:
→ „Das ist keine Argument, sondern eine Beleidigung. Ich bemühe mich, sachlich zu bleiben, bitte tun Sie das auch. (**Klartext sprechen und Spielregeln erklären**).

→ „Die Frage ist nicht, was Sie von mir halten, sondern wie wir zu einer Lösung kommen. Also, was ist Ihr Vorschlag?" (**Rekontextualisieren**).

→ „Worum geht es Ihnen jetzt?" (**Hinterfragen**).

→ „Sie hätten sich eine andere Reaktion erwartet?" (**charmante Rückfrage**).

Übung

Decken Sie bei den nächsten Beispielen die Lösungen ab und kommen Sie selbst auf Antworten. Sie werden erkennen, dass zwar alle Reaktionen grundsätzlich möglich sind, bei jedem Vorwurf manche besser als andere passen. Möglicherweise finden Sie auch die Strategie, die Ihnen besonders liegt. Dann nehmen Sie sich einfach nur diese mit in den Alltag.

Vorwurf 1: „Ihr habt meine Mutter umgebracht!"
Antwortbeispiele:

→ „Das ist ein sehr massiver Vorwurf, der auch rechtliche Konsequenzen hat. Erzählen Sie mir zuerst einmal genau, was los ist. Dann können wir herausfinden, was tatsächlich passiert ist und welche Schritte unternommen werden müssen." (**Klartext sprechen und Spielregeln erklären**).

→ „Ich denke, es geht jetzt weniger um Schuldzuweisung, sondern darum herauszufinden, was tatsächlich passiert ist. (**Rekontextualisieren**). → hier kann man im Anschluss gleich mit dem nächsten Punkt – Hinterfragen – weiter machen.

→ Was genau ist passiert, dass Sie der Meinung sind, wir hätten Ihre Mutter nicht korrekt behandelt?" (**Hinterfragen**).

→ „Sie sind der Meinung, wir hätten Ihre Mutter nicht optimal betreut?" (**charmante Rückfrage**).

Vorwurf 2: „Wenn ich gewusst hätte, wie dumm Sie sind, hätte ich Sie nie eingestellt."
Antwortbeispiele:
→ „Das ist eine ziemlich fiese Beleidigung. Was ich von Ihnen brauche, ist ein klares Feedback, aber kein persönliches Niedermachen." (**Klartext sprechen und Spielregeln erklären**).
„Die Frage ist nicht, ob Sie mich hätten einstellen sollen oder nicht, sondern wie wir jetzt miteinander zurechtkommen." (**Rekontextualisieren**).
„Worum geht es Ihnen jetzt?" (**Hinterfragen**).
„Sie hätten sich ein anderes Ergebnis erwartet?" (**charmante Rückfrage**).

Vorwurf 3: „Denkst du eigentlich auch beim Arbeiten?"
Antwortbeispiele:
→ „Das ist eine Beleidigung, die hier nicht hergehört. Ich denke, wir sollten uns gegenseitig helfen und nicht beschimpfen." (**Klartext sprechen und Spielregeln erklären**).
→ „Das Thema ist nicht, wie ich arbeite, sondern was die Ergebnisse sind. Also worum geht es dir jetzt?" (**Rekontextualisieren**).
→ „Wie meinst du das?" (**Hinterfragen**).
→ „Du hättest dir ein anderes Ergebnis erwartet?" (**charmante Rückfrage**).

Vorwurf 4: „Die Patienten sind euch völlig egal."
Antwortbeispiele:
→ „Das ist eine ziemlich harte Aussage. Lassen Sie uns lieber bei den Fakten bleiben." (**Klartext sprechen und Spielregeln erklären**).
→ „Die Frage ist nicht, was ich über Patienten denke, sondern was passiert ist." (**Rekontextualisieren**).

→ „Was ist passiert, dass Sie den Eindruck haben, die Patienten wären uns egal?" (**Hinterfragen**).

→ „Sie hätten sich eine andere Betreuung erwartet?" (**charmante Rückfrage**).

Vorwurf 5: „Ihr schaut eh nur auf euren Vorteil."
Antwortbeispiele:

→ „Das sind in den Raum gestellte Anschuldigungen. Lassen Sie uns bei den Fakten bleiben." (**Klartext sprechen und Spielregeln erklären**)  auch hier gleich eine Frage nachschieben: „Worum geht es Ihnen gerade?"

→ „Das Thema ist nicht mein Vorteil, sondern Ihre Behandlung." (**Rekontextualisieren**).

→ „Was genau ist passiert, dass Sie den Eindruck haben, wir würden nur auf unseren Vorteil schauen?" (**Hinterfragen**).

→ „Sie sind nicht zufrieden?" (**charmante Rückfrage**).

Vorwurf 6: Patientin: „Tun Sie, was ich sage. Schließlich zahle ich Ihr Gehalt."
Antwortbeispiele:

→ „Das ist eine ziemlich schroffe Art, mich um etwas zu bitten. Ich bemühe mich, höflich zu bleiben und bitte Sie ebenfalls darum." (**Klartext sprechen und Spielregeln erklären**).

→ „Die Frage ist nicht, wer mein Gehalt zahlt, sondern, was ich in welcher Reihenfolge tun kann. Und diesen Wunsch kann ich Ihnen gerne, jedoch erst am Nachmittag erfüllen." (**Rekontextualisieren**).

→ „Worum geht es Ihnen jetzt?" (**Hinterfragen**).

→ „Sie sind nicht zufrieden?" (**charmante Rückfrage**).

Praxistipp

Überlegen Sie sich ein bis zwei Situationen, mit denen Sie selbst konfrontiert waren, und suchen Sie aus den Möglichkeiten diejenige aus, die dort am besten funktioniert hätte. Es ist besser, für mögliche Situationen *eine* Strategie gut parat zu haben als fünf Strategien zu können und sich dann in der Situation nicht entscheiden zu können. Ebenfalls bietet sich bei den meisten Einwandbehandlungen an, hinterher gleich eine Frage zu stellen. Erinnern Sie sich: Wer fragt, der führt.

7.2 Vielredner unterbrechen

In manchen Situationen wollen Sie in möglichst kurzer Zeit zu einem Ergebnis kommen. Das kann im Anamnesegespräch sein, im Gespräch mit einem Vertreter oder mit einer Kollegin, der sich nur „für einen Moment Ihr Ohr" geliehen hat. Doch statt kurzen, klaren Informationen haben sie ein Gegenüber, das sich selbst die Stichworte liefert, um von einem Thema zum nächsten zu kommen.

Die Frage ist, wie man Vielredner am besten unterbricht, um zum eigentlichen Thema zurückzulenken, ohne dabei unhöflich zu sein. Folgende Strategie verwenden viele Menschen instinktiv in der Praxis:

1. Namen verwenden
   Die Verwendung des Namens bewirkt bei den meisten Menschen, dass sie mit der Aufmerksamkeit aus der eigenen Geschichte zu Ihnen zurückkommen. Manchmal muss man den Namen zwei- oder dreimal wiederholen, bis man merkt, dass man wieder die Aufmerksamkeit des anderen hat.

2. Kurze Wertschätzung
Mit einem halben Satz etwas zu dem eben Gesagten anmerken, damit der andere das Gefühl hat, Sie haben zugehört.
3. Frage wiederholen oder zum eigentlichen Thema zurücklenken
Wiederholen Sie die ursprüngliche Frage oder lenken Sie zum eigentlichen Thema zurück, um das Gespräch wie geplant weiterzuführen.

Dazu ein Beispiel aus einem Anamnesegespräch:

Beispiel

Sie fragen die Patientin, wie es ihr beim Atmen geht. Die Patientin beginnt zu erzählen über ihre Lungenerkrankungen, die sie vor 40 Jahren hatte, dass sie damals aber sehr sportlich war, dass sie noch bis vor wenigen Jahren einen Hund hatte, mit dem sie immer Gassi ging, damals ging es auch mit dem Treppen steigen noch gut usw. Sie interessiert lediglich, wie jetzt im Moment die Situation ist.

Anamneseführender (freundlich): „Frau Schwarz – Frau Schwarz (Name wiederholen bis Sie die Aufmerksamkeit haben). Das ist eine sehr spannende Geschichte und ich finde es wirklich toll, wie viel Sie mit Ihrem Hund unternommen haben (**Wertschätzung**). Was mich jetzt speziell interessieren würde, Frau Schwarz, ist, wie es Ihnen in der letzten Woche beim Treppen steigen mit dem Luft holen gegangen ist (**zum eigentlichen Thema zurückführen**)?"

Praxistipp

Stellen Sie bei Vielrednern **geschlossene Fragen** (Fragen, die mit „Ja", „Nein", „Gut", „Schlecht" zu beantworten sind). Ein notorischer Vielredner wird sich auch davon nicht abhalten lassen, Ihnen die gesamte Geschichte zu erzählen, aber Sie haben sofort die Antwort und können schneller unterbrechen.

Beispiel

„Frau Schwarz, wenn Sie jetzt zwei Stockwerke zu Fuß gehen, kommen Sie dann außer Atem oder müssen Sie zwischendurch stehenbleiben zum Ausruhen?" – „Nein, nein, das tu ich nicht." → Hier haben Sie bereits Ihre Antwort! Wenn die Patientin dann weitererzählt: „… aber vor drei Jahren, da war das ganz anders, weil …", können Sie ziemlich schnell zum eigentlichen Thema zurückführen, da Sie die Antwort, um die es gegangen ist, bereits haben.

Aber auch im Kollegenteam kann es Mitarbeiter geben, die plaudern wie ein „Wasserfall":

Beispiel

Eine Kollegin erzählt von ihrem Urlaub und kommt dabei vom Hundertsten ins Tausendste. „Sabine, Sabine (**Namen nennen,** bis Sie die Aufmerksamkeit haben), du, das muss wirklich ein fantastischer Urlaub gewesen sein und ich wünschte, wir hätten jetzt die Zeit, das ich mir das in aller Ruhe anhören kann (**Wertschätzung**). Ich fürchte nur, dass wir jetzt einen Blick auf die Uhr werfen müssen und uns schon ein wenig beeilen sollten, damit wir am Vormittag noch mit allem fertig werden (**zum Thema zurückführen**). Darum sollten wir jetzt weitermachen, damit wir mit der Morgenrunde fertig werden."

Sie meinen, die andere könnte Sie jetzt als unhöflich empfinden? Nun, vielleicht tut sie das tatsächlich. Aber ehrlich gesagt, auf eine kurze Frage eine Viertelstunde zu antworten ist ebenfalls unhöflich, oder?

7.3   Achselschweiß und Mundgeruch

Beispiel

Frau Riegl ist Pflegehelferin und hat kürzlich auf eine andere Station gewechselt. Sie merkt, dass man sie meidet, Abstand hält, keiner mit ihr zusammenarbeiten möchte, dass hinter ihrem Rücken getuschelt wird. Sie fühlt sich unwohl in dem Team und bereut den Wechsel auf diese Station. Sie überlegt, was sie falsch macht, kommt aber nicht drauf.

Was ihr nicht bewusst ist, ist, dass sie in letzter Zeit einen immer stärker werdenden Körpergeruch hat, auf den die Kollegen reagieren.

Körpergeruch oder Mundgeruch sind ein sehr heikles Thema. Wenn Menschen davon betroffen sind, merken sie es selbst zumeist nicht, dafür die anderen umso mehr. Es ist immer sehr unangenehm, so etwas anzusprechen, daher wird es oft nicht gemacht. Dadurch leiden nicht nur die Kollegen und die Patienten, die mit dem Geruch leben müssen, sondern auch der Betroffene selbst, da er merkt, dass man zu ihm auf Abstand geht, aber nicht so recht weiß, warum.

Was Sie nicht tun sollten:

- Deo hinstellen: Führt zu Irritation oder wird gar nicht als Hinweis erkannt. Auch, wenn es erkannt wird, ist es erniedrigend, zu erkennen, dass offenbar keiner im Team mit einem reden wollte.
- Abstand halten, Fenster aufreißen: Der Zusammenhang wird oft nicht erkannt, das Verhalten ist eher verstörend.
- Gruppendiskussion: Ist sehr unangenehm für den Betroffenen, ein Bloßstellen, das an ein Tribunal erinnert und das Gefühl gibt, im Team allein dazu-

stehen. Oft steht dahinter auch nur das Unvermögen, das Thema persönlich anzusprechen, weswegen es an die Gruppe delegiert wird.

- Sich denken: „Das geht mich nichts an". Im Sinne einer guten Kollegialität und letztlich auch einer Verantwortung gegenüber Patienten sollten Sie die Situation bereinigen.

Ziel ist, dass der Kollege sein Gesicht bewahrt und etwas ändert. Sie sollten es also respektvoll, aber klar ansprechen:

Was hilfreich ist:

- Wann wird es gesagt?
  - Wenn es öfters vorkommt
  - Wenn es einmalig ist, kann man es ignorieren (oder sehr kurz und klar ansprechen)
- Wer sagt es?
  - Am besten jemand gleichen Geschlechtes und gleicher Hierarchie, der einen guten Draht zu der Person hat
- Wo wird es gesagt?
  - Unter vier Augen
- Wie wird es gesagt?
  - Grundsätzlich gilt: Sprechen Sie es kurz und klar an, keine Ausschweifungen oder Entschuldigungen. Je unangenehmer Ihnen das Thema ist, desto unangenehmer ist es auch dem anderen.

Folgender „roter Faden" kann helfen, heikle Themen leichter anzusprechen:

1. Wertschätzung: Eine kurze Aussage, die zeigt, dass Sie den anderen als Person wertschätzen.
2. Wahrnehmung: Sprechen Sie die Wahrnehmung kurz und direkt, jedoch ohne Wertung an. Verwenden Sie

bewusst neutrale Formulierungen. Das Wort „Körper-geruch" ist wahrscheinlich für den anderen leichter zu nehmen als „du stinkst".

3. Goldene Brücke: Bieten Sie dem anderen eine mög-liche Ursache für die Wahrnehmung an, die nicht direkt etwas mit ihm zu tun hat. So erleichtern Sie ihm, das Gesicht zu wahren.

4. Wunsch: Formulieren Sie einen klaren Wunsch an den anderen. Sagen Sie ihm, was er jetzt tun soll/kann, z. B. Kaugummi oder Deo nehmen.

5. Vereinbarung für Rückmeldung (optional): Wenn es dem anderen nicht bewusst war und er Ihren Hinweis gut nehmen kann, können Sie ihm auch anbieten, dass Sie ihn, wenn er das möchte, zukünftig gleich aufmerk-sam machen, wenn Ihnen etwas auffällt.

Beispiel

„Du, ich arbeite gerne mit dir zusammen (**Wertschätzung**). Dabei ist mir aufgefallen, dass du in letzter Zeit einen stärkeren Körpergeruch hast (**Wahrnehmung**). Ich weiß nicht, ob das mit der Kleidung oder vielleicht dem Deo zu tun hat (**goldene Brücke**) oder andere Gründe hat. Aber ich denke, bevor es den Patienten oder Kollegen auffällt, achte darauf, dass das in Ordnung kommt. Vielleicht hast du ein Parfum eingesteckt? (**Wunsch**). Dem anderen eine Pause zum reagieren lassen. Wenn es dann angemessen ist, können Sie noch vorschlagen: Wenn du möchtest, kann ich dir Rückmeldung geben, wenn mir etwas auffällt, damit es sonst keiner merkt (Vereinbarung für **Rückmeldung** – nur, wenn es passt)."

Hilfreich ist jedenfalls, solch ein Gespräch in Gedanken ein- oder zweimal durchzuspielen, um sich und dem anderen ein Um-den-heißen-Brei-reden zu ersparen. Bei Menschen, wo das ein einmaliges Vorkommen ist, kann

man die Tatsache ignorieren oder sehr direkt ansprechen mit der verkürzten Variante:
Goldene Brücke – Wunsch – Wahrnehmung:

- „Ich weiß nicht, was du gestern gegessen hast (**goldene Brücke**), aber nimm dir sicherheitshalber einen Kaugummi (**Wunsch**). Da riecht irgendwas noch nach (**Wahrnehmung**)."
- „Ich weiß nicht, was die in der Wäscherei mit der Dienstkleidung machen (**goldene Brücke**), aber sprüh vielleicht ein Parfum drauf (**Wunsch**), deine riecht heute etwas eigen. (**Wahrnehmung**).

7.4 Sexuelle Belästigung

Ein tiefer Blick, etwas zu lang, etwas zu taxierend, vielleicht nicht einmal in die Augen sondern ins Dekolleté, eine zufällige Berührung am Po oder am Busen, ein Herrenwitz, gezeigte Fotos im Internet, Vergleiche zu bestimmten Körperteilen bis hin zu eindeutigen Aufforderungen, was man denn am Feierabend gemeinsam unternehmen könnte. Die Liste der Dinge, die als sexuelle Belästigung gelten, ist lang. Solche Situationen sind sehr schwierig, speziell aus drei Gründen:

1. Auch wenn es gesetzlich geregelt ist, dass dies nicht zulässig ist, so ist es immer eine Schwierigkeit bzgl. der Beweissituation.
2. Wenn man etwas sagt, bekommt man oft Antworten wie „Seien Sie doch nicht humorlos", „Sie bilden sich hier etwas ein", „Das war doch ganz anders", „Jetzt machen Sie einmal einen Punkt", „Wollen Sie mir etwa unterstellen, ich würde …", „Das ist eine Frechheit" und plötzlich steht man selbst als der Verleumder

da und kann nicht ausschließen, dass man selbst mit negativen Konsequenzen konfrontiert wird.

3. Die Grenze ist fließend. Was muss ich „aushalten", wo kann ich klar „Stopp" sagen, ab wann kann ich die Sache hocheskalieren (Vorgesetzte, Personalvertretung …)?

Dennoch ist gerade das ein Thema, wo die persönliche Grenze zwischen angemessen und nicht angemessen absolut zu respektieren ist. Die Herausforderung in der Praxis ist, dass diese Grenze sehr subjektiv ist.

Während die eine Person über einen anzüglichen Witz lachen kann und gleich selbst einen erzählt oder schlagfertig kontert und das als normale Tändeleien unter Kollegen empfindet, die den Alltag etwas lebendiger machen, so kann die gleiche Situation für eine andere Person ein klares Überschreiten von Grenzen darstellen.

Inakzeptabel wird es jedenfalls ab dem Zeitpunkt, an dem die Grenzen des verbalen Schlagabtausches überschritten werden (leichte Formen der Belästigung) und zufällige oder auch absichtliche Berührungen („Po-Grapschen") erfolgen. Die letzte Steigerungsstufe – sexuelle Nötigung, Exhibitionismus oder gar versuchte Vergewaltigung – sind dann bereits Vorfälle, die auch strafrechtlich relevant sind und unbedingt angezeigt gehören, nicht nur wegen der Betroffenen, sondern auch, um andere zu schützen.

Wie kann ich mich zur Wehr setzen?
Um sich zur Wehr zu setzen, haben Sie mehrere Möglichkeiten. Grundsätzlich hängt es davon ab, ob die Belästigungen „harmlos" genug sind, dass Sie „nur" klar eine Grenze setzen wollen, oder ob eine Grenze bereits überschritten wurde (oder eine von Ihnen klar formulierte ignoriert wurde) und Sie die nächste(n) Ebene(n) mit einbeziehen wollen.

Grenze setzen bei Kollegen

Hier hilft die Struktur „Klartext sprechen und Spielregeln erklären" (Abschn. 6.2).

Beispiel

Ein Kollege legt Ihnen immer wieder beim Sprechen die Hand auf die Schulter, den Rücken oder den Arm. Nehmen Sie dessen Hand, schieben Sie sie ganz bewusst zur Seite, schauen Sie dem Kollegen in die Augen und sagen Sie: „Das ist mir unangenehm/zu vertraulich/zu viel Nähe (**Klartext sprechen**). Bitte lassen Sie Ihre Hände beim Reden bei sich, OK? (**Spielregeln erklären**) Gut, also worum geht es?"

Sollte der andere nicht locker lassen und eine unangemessene Bemerkung machen wie „Jetzt seien Sie nicht so engstirnig" oder „Na, sind Sie die eiserne Jungfrau?" passt der Konter „Rekontextualisieren" (Abschn. 6.3).

Beispiel

„Es geht nicht um engstirnig/eiserne Jungfrau, sondern um einen respektvollen Umgang und das Akzeptieren von Grenzen und das war jetzt nicht der Fall. Also noch einmal meine Bitte, lassen Sie Ihre Hände bei sich und sprechen wir über die Dinge, die Sache sind. Können wir uns darauf verständigen?"

Für die meisten Menschen ist dieses Ausformulieren einer klaren Grenze ausreichend, dass diese in Zukunft akzeptiert wird.

Konsequenzen androhen

Wenn der erste Hinweis nicht klar genug ankommt, können Sie Konsequenzen androhen. Diese müssen Sie im Wiederholungsfall auch umsetzen. Ausreden wie „Das war ja gar nicht absichtlich" oder „Das bilden Sie sich ein" können Sie dabei getrost ignorieren. Das folgende Beispiel folgt auch wieder der Struktur „Klartext sprechen und Spielregeln erklären":

Beispiel

„Wenn Sie mir noch einmal absichtlich oder unabsichtlich an den Po greifen, dann werden wir die Grenzen der Intimzone gemeinsam mit der Personalchefin festlegen, damit es in Zukunft keine Missverständnisse gibt. Hab ich mich klar ausgedrückt?"

Grenze setzen bei Patienten

Wenn Patienten die Grenzen überschreiten, erfordert es ein besonders Maß an Fingerspitzengefühl (Abb. 7.1). Vor allem manche Langzeitpatienten scheinen ihren Spaß an gewissen Anzüglichkeiten, speziell gegenüber jüngeren Mitarbeiterinnen oder Schülerinnen zu haben. Hier zeigt die Erfahrung: Je mehr Sie betroffen sind, desto mehr ermuntert es manche Patienten, sich beim nächsten Mal wieder „einen Spaß mit Ihnen zu machen" – auch wenn Sie diesen Spaß gar nicht lustig finden. Auf Grund des Abhängigkeitsverhältnisses hat man zumeist auch eine höhere „Beißhemmung" als gegenüber Kollegen.

Doch auch bei Patienten gilt: Sie können eine klare Grenze ziehen, wie beim vorigen Beispiel („Herr Grün, diese Bemerkung geht jetzt zu weit (**Klartext sprechen**). Bitte bleiben wir respektvoll (**Spielregeln erklären**).").

Sie können auch die Eskalationsstufen, wie beim nächsten Punkt beschrieben, verwenden, da auch der Arbeitgeber die Aufgabe hat, für die Sicherheit der Mitarbeiter zu sorgen („Fürsorgepflicht"). Wenn Sie ein

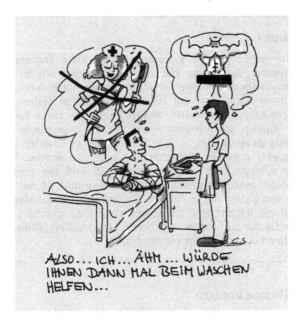

Abb. 7.1 Grenzen überschreiten

leitender Mitarbeiter sind, bei dem sich eine Mitarbeiterin
darüber beschwert hat, dass sich Patienten unangemessen
verhalten oder sexuelle Anzüglichkeiten machen, ist es
Ihre Aufgabe, diesen Patienten zur Rede zu stellen. Hier
kann die Struktur der unwiderstehlichen Bitte (in leicht
abgewandelter Form) helfen:

1. Adressat
2. Wahrnehmung/Hintergrund
3. Zeitrahmen
4. Wunsch/Aufforderung
5. Konsens sicherstellen

> **Beispiel**
>
> Stationsleitung zum Patienten „Herr Bläul (**Adressat**), Schwester Bernadette hat mir erzählt, dass Sie zu ihr gesagt haben, sie möge sich nicht nur um Ihre Ellenbogen, sondern auch noch um die anderen steifen Stellen an Ihrem Körper kümmern" (**Wahrnehmung**). – Kurze Pause, die Aussage soll ankommen und ihm am besten auch ein wenig peinlich sein. – „Ich denke, dass es Grenzen des Respekts und der Wertschätzung gibt, die wurden hier überschritten. Das ist sehr unpassend und der jungen Kollegin auch sehr unangenehm (**Hintergrund**). Ich möchte Sie also bitten, das in Zukunft (**Zeitrahmen**) zu unterlassen und mit ihr auf eine ganz normale Art zu sprechen, so, wie Sie das auch gegenüber den Ärzten machen (**Wunsch**). Können wir uns darauf verständigen?"

Mit Humor kontern

Wenn Sie in der Situation sind, dass Sie von den Patienten direkt angesprochen werden, haben Sie auch die Möglichkeit mit Humor zu kontern.

> **Praxistipp**
>
> Die Humor-Strategie muss Ihnen liegen. Stellen Sie sich eine der Situationen plastisch vor und überlegen Sie für sich, ob so eine humorvolle Reaktion für Sie passen würde. Wenn nicht, nutzen Sie eine der anderen Strategien.

Kontern mit Humor ist gegenüber Patienten, aber auch gegenüber Kollegen, eine Möglichkeit, eine Grenze zu ziehen, ohne Emotionen zu entfachen. Dabei ist zu bedenken, dass dann immer wieder einmal eine Bemerkung in Ihre Richtung erfolgen wird, weil man herausgefunden hat, dass Sie darauf mit Humor reagieren. Ich hatte in meinen Schulungen viele Pflegepersonen, die genau diese Strategie verwenden. Die folgenden Beispiele sind aus deren Praxis.

Beispiel

„Komm Puppi, leg dich gleich zu mir ins Bett!" – „Würd ich eh gern, aber dann schimpft die Chefin wieder, weil ich nichts arbeite."

Beispiel

„Magst nicht nach dem Dienst mit mir auf ein Gläschen gehen und wir machen's uns in einer Bar gemütlich?" – „Ein verlockendes Angebot. Ich würd' Sie bitten, vorher meinen Mann anzurufen und ihn zu fragen, ob's okay ist. Wenn er sagt, es ist okay, passt's für mich auch."

Beispiel

Patient, der förmlich Stielaugen bekommt, während er ins Dekolleté gafft, fordert auf: „Komm, beug dich noch ein bisschen weiter runter." – „Würd ich wirklich gern. Aber ich hab eine echte Sorge, dass Sie dann einen Herzinfarkt bekommen, darum mach ich doch lieber mal einen Knopf zu."

Beispiel

Schwester reibt den Nacken und die Schultern eines Patienten ein. Dieser meint: „Reib doch ein bisschen weiter unten, da bin ich auch verspannt." – „Nun ich glaube, zu diesen Verspannungen kommen Sie selber hin, ich werde mich lieber um den Nacken und die Schulter kümmern."

Diese Antworten bringen in der Regel ein Schmunzeln, die Spannung ist aus der Situation gewichen und die persönliche Ebene ist nicht getrübt. Selbstverständlich ist das auch gegenüber Kollegen machbar. Sie müssen jedoch stets überlegen, ob diese Form des Konterns für Sie angemessen ist.

> **Beispiel**
>
> Ein Pfleger fasst die junge Kollegin von hinten um beide Schultern, legt seine Wange an ihre Wange und sagt: „Ach die süße neue Kollegin. Endlich wieder einmal was Nettes."
> – Die Kollegin dreht sich um und sagt: „Wenn Sie mich noch einmal angreifen und süße neue Kollegin nennen, dann werde ich Ihnen so fest eine scheuern, dass Sie nur mehr von der alten Kratzbürste reden werden. Hab ich mich klar ausgedrückt?"

Anmerkung: Wenn Sie jemanden, während er sie unsittlich berührt (in der Situation) eine Ohrfeige geben oder Wegstoßen und er stürzt, dann gilt das als Notwehr und ist grundsätzlich straffrei. Tun Sie es im Nachhinein, dann ist es keine Notwehr und der andere könnte sie anzeigen.

Eskalationsstufen – Was, wenn es zu viel wird?

Grundsätzlich ist jedes Unternehmen, und damit auch die Führungskräfte, dafür verantwortlich, Sie vor dieser Form von Übergriffen zu schützen. Dies ist somit Arbeitgeberpflicht. Sollte eine verbale Form der Abgrenzung nicht funktionieren, sind folgende Maßnahmen empfehlenswert:

So grenzen Sie sich ab

1. **STOPP!** – Wenn eine Form der unangemessenen Übergrifflichkeit erfolgt, sagen Sie so laut „STOPP!", dass es **Zeugen** hören. Machen Sie ein **Protokoll,** schreiben Sie den Vorfall klar auf, dies kann später zu Beweiszwecken sinnvoll sein.
2. Teilen Sie sich einer **Kollegin** mit, der Sie vertrauen. Berichten Sie von den Vorfällen, die Sie auch protokolliert haben. Machen Sie diese so zeitnah wie möglich, auch um **Zeugen** zu haben.
3. Sprechen Sie mit Ihrer **Vorgesetzten.** Es ist deren Aufgabe, hier Maßnahmen zu ergreifen, damit Sie nicht belästigt werden.
4. Sollten Sie sich das nicht trauen oder ihr Vorgesetzter Teil dieser Belästigung sein, gehen Sie zur **Personalvertretung.** Sowohl Vorgesetzte als auch Personalvertretung haben hier Möglichkeiten, um Maßnahmen zu ergreifen. Die Maßnahmen gehen von einer Ermahnung über eine Entlassung bis hin zu einer strafrechtlichen Verfolgung, je nachdem, was geschehen ist.
5. Wenn Sie im Unternehmen keine Unterstützung finden, stehen Ihnen **folgende Stellen anonym,** kostenlos und unverbindlich zur Beratung zur Verfügung:

Hilfe und Kontaktstellen in Österreich

- www.oesterreich.gv.at
- https://www.oesterreich.gv.at/themen/arbeit_und_pension/sexuelle_belaestigung_am_arbeitsplatz.html

Auf dieser Seite gibt es zahlreiche Tipps und Kontaktadressen, wenn Sie mit sexueller Belästigung oder gar Nötigung konfrontiert sind. Aber auch für andere

Situationen, wie Verlust, Gewalt oder Todesfall, gibt es Kontaktdaten für Unterstützung.

Hilfe und Kontaktstellen in Deutschland

In Deutschland gibt es das Hilfetelefon „Gewalt gegen Frauen"(https://www.hilfetelefon.de) unter der kostenlosen Telefonnummer 08.000–116 016. Unterstützung und Hilfe bekommen Sie hier rund um die Uhr bei allen Formen von Gewalt gegen Frauen. Neben den betroffenen Frauen können sich auch Angehörige, Freunde und Menschen aus dem sozialen Umfeld sowie Fachkräfte an das Hilfetelefon wenden.

Hilfe und Kontaktstellen in der Schweiz

In der Schweiz hat jeder Kanton eigens eingerichtete Stellen. Einen Überblick und alle Kontaktdaten finden Sie unter https://belaestigt.ch/anlaufstellen/

7.5   Rassismus

Für Rassismus gilt Ähnliches wie bei sexueller Belästigung. Auch das ist eine Form von Diskriminierung am Arbeitsplatz, welcher der Arbeitgeber vorbeugen muss. Wenn er das nicht tut, gelten die gleichen Eskalationsstufen wie im Abschn. 7.4 „Sexuelle Belästigung". Sie können die dort genannten Stellen für Österreich, Deutschland und die Schweiz kontaktieren, sollten Sie am Arbeitsplatz keinen Erfolg haben.

Doch auch hier gilt als erster Schritt, dass man bei „milden Formen" zuerst einmal eine kommunikative Lösung anstreben sollte. Im Zusammenhang mit Patienten haben wir zwei Richtungen von rassistischen Äußerungen beobachtet:

1. Vorwurf des Rassismus an Mitarbeiter
„Ich muss solange warten, weil ich Ausländer bin."
Es wird versucht, über die Schiene des direkt oder indirekt vorgeworfenen Rassismus Wünsche durchzusetzen. Wenn nicht sofort den Wünschen nachgekommen wird, wird gedroht („Das bringe ich zur Zeitung"). Dies ist eine schwierige Situation, da man natürlich als Mitarbeiter nicht als Rassist bezeichnet werden möchte, andererseits man auch keine Lust hat, sich erpressen zu lassen. Eine mögliche Antwortstruktur bietet ebenfalls **Rekontextualiseren:**

> **Beispiel**
>
> „Es geht nicht darum, in welchem Land unsere Patienten auf die Welt gekommen sind, sondern in welcher Reihenfolge sie heute in die Ambulanz gekommen sind. Und wie ich Ihnen schon zweimal gesagt habe: Vor Ihnen sind noch drei Personen dran. Ich kann Sie also nur bitten, wieder Platz zu nehmen und zu warten, bis Sie dran sind, OK?"

Das ist ein eleganter Weg, sich nicht in die Rassismus-Diskussion einzulassen, sondern einen klaren Hinweis zu geben, was der Patient zu tun hat.

2. Rassismus gegenüber Mitarbeitern
„Von der ... (abfällige Bemerkung), lass ich mich nicht behandeln."
Auch schon öfters erlebt haben wir die Situation, dass Patienten über Personal mit Migrationshintergrund schimpfen. Meistens werden in diesem Zusammenhang auch sehr üble Bezeichnungen bezüglich der jeweiligen Nationalität gewählt. Auch hier ist **Rekontextualiseren** die einfachste Strategie:

> **Beispiel**
>
> Wenn Ihnen über einen Kollegen eine solche Äußerung von einem Patienten entgegengebracht wird, z. B. „Die … (abfällige Bemerkung) braucht mich gar nicht behandeln!", können Sie antworten: „Es geht nicht darum, in welchem Land unsere Kollegen zur Welt kommen, sondern wie sie Ihre Behandlung machen. Ich habe Frau Dr. Mwangi immer als sehr kompetente Ärztin erlebt. Also worum genau geht's Ihnen gerade?"

Wenn der Patient dann einfach nur ein wenig grummelt und abwehrt, haben Sie die Situation erfolgreich gelöst. Sollten Sie direkt aufgrund Ihrer Nationalität angegriffen werden, können Sie sinngemäß das Gleiche sagen:

> **Beispiel**
>
> „Ich glaube, es geht nicht darum, in welchem Land ich auf die Welt gekommen bin, sondern ob die Behandlung passt. Also daher die Frage, worum genau geht es?"

In all diesen Situationen wird eine klare Grenze aufgezeigt und der Hinweis gegeben, dass diese Form des Vorwurfes nicht tolerabel ist. Dennoch kommt es bei diesen Antworten nicht zu einem Abbruch des Gespräches, sondern zu einem angemessenen, aber bestimmten Zurechtweisen.

Rassistische Äußerungen unter Kollegen
Auch hier ist empfehlenswert, zuerst ein klares, kommunikatives **Stopp** („Es geht nicht darum, wo ich auf die Welt gekommen bin, sondern um unser Miteinander, also, was ist das wirkliche Thema?") zu setzen.

Gerade im Gesundheitswesen ist die Toleranz gegenüber allen Nationalitäten erfreulicherweise höher, als in anderen Branchen. In einem Wiener Spital habe ich einmal ein großes Plakat hängen gesehen. Darauf waren Menschen aller Erdteile in Dienstkleidung aller Professionen und Hierarchien zu sehen und in großen Buchstaben stand zu lesen: „In diesem Spital arbeiten Menschen aus 54 Ländern dieser Welt zusammen. Zu Ihrem Wohl." Das habe ich großartig gefunden.

Dennoch kann es zu Vorwürfen und Angriffen kommen. Das kann dann auch bereits in die Richtung von Mobbing gehen. Hier ist in jedem Fall das Miteinbeziehen der nächsthöheren Ebenen (Kap. 61) sinnvoll. Akzeptieren Sie solche Aktionen nicht aus falsch verstandener Kollegialität.

Manchmal kann allerdings auch eine humorige Antwort helfen. Ich erinnere mich an ein Beispiel einer Seminarteilnehmerin, die aus Burkina Faso (Westafrika) stammte. Als sie frisch auf einer Station war, meinte ein etwas grobschlächtiger Kollege bei der morgendlichen Dienstübergabe, extra langsam sprechend: „Soll – ich – das – noch – einmal – wieder – holen – damit – mich – alle – verstehen?", und dabei schaute er grinsend zu der neuen Kollegin. Diese schaut ihn an, atmet einmal tief durch (das ist immer sehr hilfreich) und meinte dann: „Ich weiß nicht, warum Sie der Meinung sind, dass Sie Ihre Kollegen nicht verstehen. Für mich wirken die alle recht clever, also vielleicht wollen Sie einfach nur weitermachen." Sie hatte die Lacher auf Ihrer Seite und dieser Kollege verkniff sich zukünftig diesbezüglich unangebrachte Meldungen.

7.6   Trauer

Trauer ist im Gesundheitswesen ein sehr präsentes Thema. Dennoch fällt es bei einem weinenden oder sehr bedrückten Angehörigen oder Patienten manchmal schwer, die rechten Worte zu finden. Erinnern Sie sich an Abschn. 2.2 (Kontakt) und spüren Sie hin, wie es dem anderen geht. Manchmal ist schweigen und dem anderen seine Zeit zu lassen die beste Form der Kommunikation. Manchmal passt es aber sehr wohl, dass man dem anderen die Chance gibt, zu sprechen. Um für solche Situationen eine gute Struktur zu haben, haben wir das W.E.S.S.E.N als Akronym kreiert. Es ist abgeleitet von David Servan-Schreibers „Frage nach dem ELSE" aus seinem Buch „Die neue Medizin der Emotionen". Das W.E.S.S.E.N.-Modell soll ein roter Faden für die Gespräche sein, in denen man gerne etwas Hilfreiches sagen möchte, einem jedoch die Worte fehlen. Man kann es auch gut verwenden, wenn ein Kollege z. B. von seinem Partner verlassen wurde, jemand eine Prüfung verhauen hat oder ein Zwischenfall im OP war.

Wichtig bei diesem Modell: Es ist NICHT für die Akutsituation geeignet. Wenn ein Mensch gerade vom überraschenden Tod eines Angehörigen erfahren oder eine lebensbedrohliche Diagnose erhalten hat, ist psychologische erste Hilfe und Akutintervention notwendig. Das W.E.S.S.E.N.-Modell ist dann sehr geeignet, wenn man wahrnimmt, dass es einer Person nicht gut geht und man herausfinden möchte, was los ist bzw. wenn sie von etwas Schlimmen erzählt, dass ihr widerfahren ist und Sie zuhören und etwas Hilfreiches sagen wollen.

W – Was ist passiert?
Geben Sie dem Menschen die Möglichkeit, seine Erlebnisse zu berichten. Auch wenn Sie einen Verdacht haben,

was passiert ist oder das Thema ohnehin bekannt ist, dem Menschen tut es gut, einfach einmal drauflos reden zu können. Wenn es sich bspw. um einen Zwischenfall auf Station handelt, der einen Kollegen mitnimmt, können Sie fragen: „Was ist aus deiner Sicht passiert?" oder „Wie hast du das erlebt?". Wenn die Person das Gespräch bereits damit beginnt zu erzählen, was passiert ist, hören Sie achtsam zu und nehmen Sie den Gesprächsfaden beim 2. Punkt – Emotion – auf.

E – Emotion

„Wie geht es Ihnen?" „Wie geht es Ihnen damit?" „Was hat das bei Ihnen ausgelöst?"

Die Frage nach der Emotion hilft, die ganz offensichtlichen Emotionen in Worte zu fassen. Damit kommen sie ins Fließen. Haben Sie keine Angst, wenn die Antwort vielleicht sehr laut ist. „Na was glauben Sie, wie es mir geht? Furchtbar geht's mir." Bleiben Sie einfach daneben sitzen, seien Sie empathisch und lassen Sie die Person reden. Es ist sehr wertvoll und sehr gesund, wenn Emotionen ihren Weg nach draußen finden. Sie brauchen sich auch nicht verteidigen („Ich hab ja nur gefragt"), sondern nur da sein und Raum lassen, nicken und zuhören, Worte des Verständnisses finden („Das muss wirklich schlimm gewesen sein", „Das muss ein furchtbarer Moment gewesen sein" um danach die Frage zu stellen „Was hat das bei Ihnen ausgelöst?" oder „wie geht es Ihnen jetzt damit?"). Die Phrase „Ich verstehe Sie" oder „Ich kann das nachempfinden" sollten Sie nur verwenden, wenn Sie es tatsächlich können („Ich erinnere mich, als *meine* Schwester ganz plötzlich verstorben ist. Man hat das Gefühl, es zieht einem den Teppich unter den Füßen weg").

S – Schwierigste

Diese Frage ist sehr bemerkenswert, da sie große Reaktionen auslösen kann: „Was ist für Sie das Schwierigste an dieser Situation?" Diese Frage mag überraschen, oft ist die Trauer oder Verzweiflung ein großer dunkler Schatten. Die Frage „Was ist das Schwierigste?" hilft dem Trauernden, auf den Punkt zu kommen. Speziell nach einem Todesfall mögen das solche Sachen sein wie: „Ich weiß nicht, wie ich es den Kindern sage", „Ich weiß nicht, wie es finanziell jetzt weitergeht", „Ich habe Angst, alleine in der Wohnung zu sein." Egal was die Antwort ist, sie wird konkreter sein, und auf die konkrete Antwort kann man dann gemeinsam mit der Person eher in ein lösungsorientiertes Gespräch wechseln. Bei Trauer im Allgemeinen ist dies nicht möglich.

S – Standhalten

„Was hat Ihnen geholfen standzuhalten?", „Wer kann Ihnen in dieser Situation am besten helfen?"

Dies ist die Frage nach den Ressourcen. Speziell, wenn es sich um eine längerfristige Situation handelt, beispielsweise ein Kollege, der schon eine lang andauernde persönliche Problematik preis gibt, hilft diese Frage, sich zu erinnern, dass es persönliche Ressourcen gibt, die helfen standzuhalten. Das können Eigenschaften wie Stärke und Disziplin sein oder auch Menschen aus dem eigenen Umfeld. Jedenfalls steht die Erkenntnis dahinter, dass es etwas gibt, das einem helfen kann.

E – Empathie

Das zweite „E" soll Sie daran erinnern, dass Sie während des gesamten Prozesses ein hohes Maß an Empathie halten. Haben Sie eine ähnliche Körperhaltung, eine angepasste Stimme, seien Sie mit Ihrer Aufmerksamkeit ganz und gar bei dem anderen Menschen. Wenn man sehr empathisch ist, hat man manchmal den Impuls, die Hand um die Schultern des anderen zu legen. Wenn man diesem Impuls nachgibt, passt es in der Regel. Manchmal würde man den anderen am liebsten nehmen, hat aber das Gefühl, dass es irgendwie nicht passt. Dann ist es ebenfalls richtig, Abstand zu wahren. Vertrauen Sie hier absolut auf Ihr Gefühl und bleiben Sie mit der Aufmerksamkeit beim anderen, dann werden Sie erkennen (Wahrnehmung!), ob es angemessen ist. Doch im Zweifel gilt: Lieber einmal zu wenig als einmal zu viel berühren.

N – Nächste Schritte

„Was werden die nächsten Schritte sein?", „Was werden Sie jetzt tun?", „Wie wird's jetzt weitergehen?", „Was ist zu tun?"

Diese Frage hilft zu erkennen, dass es nicht hier an dieser Stelle aus ist, sondern dass es nächste Schritte gibt, dass der Weg weitergeht, dass es immer ein „weiter" gibt.

Achtung, nochmals der Hinweis: Speziell bei akuten traumatischen Erlebnissen (plötzlicher und unerwarteter Todesfall in der Familie), wenn der betroffenen Person noch gar nicht bewusst ist, was gerade passiert ist, die Fassungslosigkeit noch vor der Trauer steht, so müssen Sie das W.E.S.S.E.N.-Modell verkürzen. Fokussieren Sie sich vor allem auf die **Ressourcen** und die **nächsten Schritte** (Wer ist da? Wer kann Ihnen helfen? Wen können Sie anrufen? Was ist jetzt zu tun? Wie geht es weiter?), auf Fakten und Handlungen, aber nicht auf Emotionen. An diesem Punkt ist es noch zu früh für die Frage nach Emotionen, dem „Was ist passiert?" oder „Was ist das Schwierigste"?

Beispiel

Sie haben mit einer Kollegin (K) gemeinsam Nachtdienst, Sie (S) erleben die Kollegin schon die ganze Zeit als sehr niedergeschlagen und schweigsam. Es sind ein paar ruhige Minuten, Sie trinken gemeinsam einen Kaffee, die Kollegin starrt vor sich hin. Sie sitzen bei ihr am Tisch um die Ecke (nicht in der Schusslinie – gilt auch für solche Situationen), gehen in ähnliche Körperhaltung und eine ähnliche Atmung, ein ähnliches Tempo, schauen sie ein paar Atemzüge lang an und dann sagen Sie:

S: „Ich hab den Eindruck, irgendwas passt nicht. Klara erzähl, was ist passiert?" Wenn Sie es schaffen, eine Brücke aufzubauen und ein guter Kontakt da ist, dann kann es sein, dass in diesem Moment Klara „das Herz übergeht" und sie erzählt, dass sie sich zum dritten Mal für eine leitende Position beworben hat und zum dritten Mal abgelehnt wurde.

S: „Das ist natürlich elend, wie geht's dir dabei?"

K: „Na, wie soll's mir gehen? Ich find das echt gemein. Ich streng mich an, mach Kurse, ich mach sie zum Teil in meiner Freizeit und dennoch werd ich immer wieder übersehen."

S: „Das ist wirklich frustrierend. Was ist für dich das Schwierigste an dieser ganzen Misere?"

K: „Es ist dieser Frust, weil ich mehr und mehr das Gefühl hab, dass ich offensichtlich wirklich zu blöd bin und zu nichts tauge."

S: „Das kann einem wirklich mürbe machen, noch dazu, wenn man weiß, dass man eine sehr gute Arbeit macht und mehr drauf hat, als so manche andere in dieser Position. Dass du jetzt schon dreimal eine Ablehnung bekommen hast, aber dennoch immer wieder hingehst, find ich echt bewundernswert. Was hilft dir eigentlich, da durch zu kommen und dich immer wieder aufzurichten?"

K: „Das ist mein Mann. Der ist mir eine große Stütze und redet mir auch immer Mut zu. Aber jetzt ist er auf Geschäftsreise, da fühl ich mich ganz alleine gelassen."

S: „Oje, das ist natürlich doppelt blöd. Kann ich dir vielleicht irgendwie helfen?"

K: „Ach, es tut schon gut, einfach darüber zu reden."

S: „Das freut mich. Ich bin auch wirklich gern für dich da. Was wirst du jetzt eigentlich als Nächstes machen, vor allem weil du weißt, dass du gut bist und es kannst?"

K: „Ich weiß nicht recht."

S: „Was könntest du machen? Was meinst du könnte hilfreich sein, um beim nächsten Mal den Erfolg zu bekommen, der dir zusteht?"

K: „Vielleicht sollte ich einmal ein Feedbackgespräch einfordern und fragen, was anders hätte sein müssen, damit ich die Position bekommen hätte."

S: (Bestärken) „Das ist eine tolle Idee.

K: „Und dann schauen. Es gibt ja schließlich nicht nur dieses Haus. Ich kann mich ja auch woanders bewerben und gute Leute werden überall gesucht, oder?"

S: „Na, das denke ich auch."

Das W.E.S.S.E.N.-Modell ist ein wunderbarer, roter Faden für Gespräche mit Menschen, die in einer emotional-aufgelösten Verfassung sind. Vielleicht ist Ihnen beim Durchlesen aufgefallen, dass „S" keine konkreten Ratschläge gegeben hat („Du solltest…"), sondern „K" durch ihre Fragen selbst auf Ideen kommen ließ. Das geht bereits in die Richtung von Coaching. Selbstgefundene Ideen passen immer besser als vorgegebene.

Weiterführende Literatur

Berckhan B (2006) Sanfte Selbstbehauptung. Die 5 besten Strategien, sich souverän durchzusetzen. Kösel-Verlag, München

Blickhan C (2000) Die sieben Gesprächsförderer. Herder Spektrum

Kühne de Haan (2001) Ja, aber. Die heimliche Kraft alltäglicher Worte und wie man durch bewusstes Sprechen selbstbewusster wird. F.A. Herbig Verlagsbuchhandlung GmbH, München

Nöllke M (2012) Schlagfertigkeit. Die 100 besten Tipps. 2. Auflage. Haufe- Lexware GmbH & Co, Freiburg

Pöhm M (2004) Nicht auf den Mund gefallen. So werden Sie schlagfertig und erfolgreicher. 7. Aufl. Wilhelm Goldmann Verlag, München

Pöhm M (2007) Das Nonplusultra der Schlagfertigkeit. Die besten Techniken aller Zeiten. 7. Aufl. Wilhelm Goldmann Verlag, München

Pöhm M (2013) Frauen kontern besser. So werden Sie richtig schlagfertig. mvg-Verlag

Scheibel G (1996) Konflikte verstehen und lösen. Brendow-Verlag, Ein Handbuch für Betroffene

Schleichert H (2005) Wie man mit Fundamentalisten diskutiert, ohne den Verstand zu verlieren. Anleitung zum subversiven Denken. 5. Aufl. Verlag C.H. Beck

Servan-Schreiber D (2006) Die neue Medizin der Emotionen, 8. Aufl. Wilhelm Goldmann Verlag, München

Links zum Thema Sexuelle BelästigungHabe

https://www.oesterreich.gv.at/themen/arbeit_und_pension/sexuelle_belaestigung_am_arbeitsplatz.html

https://www.hilfetelefon.de

https://belaestigt.ch/anlaufstellen/

https://www.arbeitssicherheit.de/themen/arbeitssicherheit/detail/sexuelle-belaestigung-am-arbeitsplatz.html?limit=all

https://www.frauenbeauftragte.uni-muenchen.de/genderkompetenz/sexbel/index.html

http://www.sueddeutsche.de/karriere/sexuelle-belaestigung-am-arbeitsplatz-maenner-werden-kaum-als-opfer-wahrgenommen-1.1846785

Links zum Thema Rassismus

https://silo.tips/download/arbeitsrechtliche-konsequenzen-bei-auslnderfeindlicher-bettigung

http://www.hensche.de/Rechtsanwalt_Arbeitsrecht_Handbuch_Diskriminierung_Verbote_ethnische_Herkunft.html http://www.netz-gegen-nazis.de/artikel/wie-reagiere-ich-wenn-ein-kollege-rassistische-witze-macht-2956

Anm.: alle oben angeführten Links wurden am 17.01.2022 aktualisiert

8

In aller Kürze

Kommunikation ist das Zusammentreffen unterschiedlicher Sichtweisen. Speziell, wenn dieses Zusammentreffen von Emotionen begleitet ist, kann es passieren, dass ganz alte Reaktionen aktiviert werden: Flucht, Angriff oder sich tot stellen. Flucht und Angriff sind in der Kommunikation gut vorstellbar, tot stellen ist der Reflex, dass man in der Situation kein Wort herausbringt, sich körperlich und geistig wie gelähmt fühlt. Wenn diese „Starre" wieder nachlässt, hätte man einige Ideen zur Reaktion, doch dann ist es zu spät.

Um in herausfordernden Situationen kreativ, schlagfertig aber dennoch angemessen reagieren zu können, ist es hilfreich, sich im Vorfeld Reaktionen zu überlegen.

In diesem Buch sind für Sie praxisnahe Strategien zusammengestellt, um in den verschiedensten Situationen – von aggressiven Patienten bis zu verzweifelten Angehörigen, von Beschwerden bis zu Vorwürfen, von Rassismus bis zu

© Der/die Autor(en), exklusiv lizenziert durch Springer-Verlag GmbH, DE, ein Teil von Springer Nature 2022
A. Seidl, *Freundlich, aber bestimmt – Die richtigen Worte finden in Gesundheitsberufen*, Top im Gesundheitsjob,
https://doi.org/10.1007/978-3-662-65045-5_8

145

sexuellen Anspielungen, von fordernden Patienten bis zu herausfordernden Kollegen – über hilfreiche Reaktionen zu verfügen.

Im Kern jedoch stehen vor jeder Strategie die drei Rahmen:

Übersicht

- **Wahrnehmung** – Seien Sie mit Ihrer Aufmerksamkeit beim anderen.
- **Kontakt** – Bauen Sie eine Brücke zum anderen auf, verstehen Sie ihn besser, er fühlt sich verstanden und auch schwierige Situationen lassen sich erstaunlich einfach lösen.
- **Ziel** – Nur wenn Sie wissen, was Ihr Ziel in der jeweiligen Situation ist, werden Sie ein Gespräch auch **führen** können.

Sie finden in diesem Buch viele konkrete Anleitungen und Beispiele zum Ausprobieren, damit Sie die Theorie so leicht wie möglich auch in den Arbeitsalltag einbinden können.

Viel Spaß und Inspiration beim Lesen!

Anhang

Lösungen zu Abschn. 2.3

Finden Sie für folgende „Nichtformulierungen" Formulierungen, welche beim anderen eine klare Vorstellung davon auslösen, was Sie von ihm wollen:

- „Wenn Sie weiter so einen hohen Blutdruck haben, werden Sie einen Herzinfarkt bekommen."
  - **Mögliche Alternative:** „Wichtig ist, Ihren Blutdruck wieder unter 140/80 zu bekommen, damit Ihr Herz wieder entlastet wird und noch lange so kräftig schlägt wie jetzt."
- „Wenn Sie nicht zur Physiotherapie gehen, werden wir Ihnen ein künstliches Hüftgelenk einsetzen müssen."
  - **Mögliche Alternative:** „Die Physiotherapie hilft Ihnen, dass die Schmerzen weggehen und Ihr Hüftgelenk sich wieder erholt."

147

© Der/die Herausgeber bzw. der/die Autor(en), exklusiv lizenziert an Springer-Verlag GmbH, DE, ein Teil von Springer Nature 2022
A. Seidl, *Freundlich, aber bestimmt – Die richtigen Worte finden in Gesundheitsberufen*, Top im Gesundheitsjob,
https://doi.org/10.1007/978-3-662-65045-5

- „Stell den Verbandswagen doch nicht immer dort am Gang ab."
  - **Mögliche Alternative:** „Stell den Verbandswagen bitte immer an seinen Platz neben dem Stützpunkt". Ein Tipp dazu: Bleiben Sie nach der Aufforderung solange stehen, bis der andere mit der Tätigkeit beginnt. Anderenfalls steht der Wagen in einer halben Stunde vermutlich noch am selben Fleck.
- „Sie brauchen keine Angst vor der Untersuchung zu haben. Es wird nicht weh tun."
  - **Mögliche Alternative:** „Sie können ganz beruhigt sein. Die Untersuchung werden Sie kaum bemerken."
- „Hoffentlich bin ich bei der Besprechung mit der Frau Primaria heute nicht wieder so nervös."
  - **Mögliche Alternative:** „Bei der Besprechung mit der Frau Primaria werde ich tief durchatmen und ganz ruhig und entspannt bleiben."
- „Patz beim Essen eingeben bitte nicht so viel daneben."
  - **Mögliche Alternative:** „Nimm bitte bei Herrn Huber kleinere Portionen auf den Löffel, damit er beim Essen möglichst sauber bleibt. Das ist ihm angenehmer."
- „Sei nicht immer so schlampig beim Betten machen."
  - **Mögliche Alternative:** „Bitte schau darauf, dass das Leintuch ganz glatt aufliegt und keine Falten macht, da das speziell bei dekubitusgefährdeten Personen zu Hautdefekten führen kann."

Lösungen zu Abschn. 3.2

1. **Übersetzen Sie folgende Sätze in „interne" Referenz:**

   - „Ich empfehle Ihnen diese Therapie. Es haben sehr viele Patienten gesagt, dass sie ihnen sehr gut getan hat."

- **Mögliche Formulierung:** „Probieren Sie diese Therapie am besten selbst aus. Vielen Patienten hat sie sehr gut getan, doch letztlich können nur Sie selbst entscheiden, ob sie Ihnen auch so gut hilft."

- „Es gibt gesetzliche Vorschriften, die klar festhalten, wie eine Wunddokumentation zu erfolgen hat, und ich erwarte, dass Sie sich daran halten."
    - **Mögliche Formulierung:** „Ich denke, bei Ihrer Erfahrung brauche ich Ihnen nicht sagen, wie wichtig die Wunddokumentation gemäß den rechtlichen Rahmenbedingungen ist."

- „Ich möchte, dass Sie jetzt zu den Angehörigen gehen und dieses Missverständnis auf der Stelle aufklären."
    - **Mögliche Formulierung:** „Ich denke, Sie wissen ganz genau, wie wichtig es ist, dass Sie das Thema jetzt sofort mit den Angehörigen klären, bevor hier größere Probleme entstehen."

2. **Übersetzen Sie folgende Sätze in „externe" Referenz:**
- Im Restaurant: „Du wirst doch selbst wissen, worauf du Lust hast."
    - **Mögliche Formulierung:** „Ich kann dir hier die Pizza empfehlen, sie ist wirklich knusprig."

- Stationsleitung zur Pflegeperson, die nicht weiß, in welche Richtung sie sich entwickeln soll: „Nehmen Sie Ihr Leben doch selbst in die Hand".
    - **Mögliche Formulierung:** „Mit Ihrer genauen Arbeitsweise kann ich Sie mir ausgezeichnet im Wundmanagement vorstellen."

- Arzt zum Patienten: „Nehmen Sie dieses Medikament."
    - **Mögliche Formulierung:** „Gerade bei dieser Erkrankung haben mir sehr viele Patienten, die dieses Medikament genommen haben, berichtet, dass sie sich anschließend wieder deutlich besser bewegen konnten.

Lösungen zu Abschn. 3.4

1. **Übersetzen Sie folgende Aussagen von „weg von"
nach „hin zu":**
- „Sie können nicht bis zum Mittag im Bett bleiben.
Dann schaffen Sie es nicht, alle Therapien durchzuziehen. Sie werden so nie gesund."
  - **„Hin zu"-Formulierung:** „Damit Sie schnell
  wieder gesund werden, sind die Therapien wichtig.
  Damit Sie alle durchführen können, müssen Sie bis
  8 Uhr aufgestanden sein."
- „Wir können keine Mitarbeiter aufnehmen, da
wir sonst unser Budget überschreiten und dann
Probleme mit dem Träger bekommen würden."
  - **„Hin zu"-Formulierung:** „Wir müssen jeden-
  falls unsere Budgetvorgaben einhalten. Wir werden
  daher neue Mitarbeiter einstellen, sobald das
  Budget bewilligt ist."
- „Wenn wir noch länger herumtrödeln, dann werden
wir zu spät kommen."
  - **„Hin zu"-Formulierung:** „Jetzt lass uns beeilen,
  damit wir pünktlich sind"

2. **Übersetzen Sie folgende Beispiele von „hin zu" nach
„weg von":**
- „Sie müssen dieses Medikament einnehmen, damit
Sie in der Nacht wieder frei durchatmen können."
  - **„Weg von"-Formulierung:** „Wenn Sie dieses
  Medikament nicht mehr nehmen, ist die Gefahr
  hoch, dass Sie in der Nacht wieder schlecht Luft
  bekommen."
- „Wir wollen die Wartezeiten verkürzen, damit die
Patientenzufriedenheit in der Ambulanz steigt."
  - **„Weg von"-Formulierung:** „Wenn die Patienten
  in der Ambulanz weiterhin so lange warten,
  müssen wir damit rechnen, dass die schlechte

Stimmung und damit auch die Beschwerden immer mehr werden."

- „Ich bereite den Vortrag bereits jetzt vor, damit ich rechtzeitig fertig bin, ihn überarbeiten kann und dann wirklich einen großartigen Vortrag halte."
  - **„Weg von"-Formulierung:** „Damit ich keinen Stress bekomme, mache ich den Vortrag schon jetzt. Ich möchte mich dann schließlich nicht blamieren."

Lösungen zu Abschn. 5.2

Formulieren Sie diese schwammigen Aussagen in „unwiderstehliche Bitten":

- Eine Kollegin kommt in den Sozialraum und sieht, dass eine Kaffeetasse im Spülbecken statt im Geschirrspüler steht und sagt zu der Kollegin, von der die Tasse ist: „Es ist eh wurscht, was man vereinbart. Niemand hält sich daran."
  - **Unwiderstehliche Bitte:** „Karla (Adressat), bitte stell du auch deine Tasse gleich (Zeitrahmen) in den Geschirrspüler (Wunsch), damit dann nicht einer für die ganze Station die Arbeit machen muss (Hintergrund). (Zusage abwarten und bedanken) - Danke."
- „Da hat schon wieder keiner die Kanülen nachbestellt."
  - **Unwiderstehliche Bitte:** „Jakob (Adressat), Nachbestellen ist in deinem Aufgabenbereich (Hintergrund). Bitte kümmere dich darum, dass wir sofort (Zeitrahmen) Kanülen haben (Wunsch). Kann ich mich darauf verlassen? - (Zusage abwarten und bedanken) – Danke."
- Mitarbeiter zu einer Angehörigen, die außerhalb der Besuchszeiten auf die Station kommt: „Jetzt können

Sie nicht zu Ihrem Angehörigen. Bei der Eingangstür stehen doch ganz groß unsere Besuchszeiten drauf."

– **Unwiderstehliche Bitte:** Entschuldigen Sie (Adressat, wenn man den Namen nicht weiß; das Ansprechen mit dem Namen hat den Sinn, die Aufmerksamkeit zu bekommen. Sollte man den Namen nicht kennen, ist es sinnvoll, andere Worte zu verwenden, um die Aufmerksamkeit zu bekommen), die Besuchszeiten sind nur bis 19 Uhr und jetzt ist in den Zimmern die Abendpflege im Gange (Hintergrund). Darf ich Sie bitten, zukünftig während der Besuchszeiten zu kommen? Für heute können Sie bleiben und hier warten. Dann kann ich schauen, dass Sie, wenn in dem Zimmer alles erledigt ist, Sie noch einen Sprung zu Ihrer Verwandten können. Das wird ca. 20 min dauern. Ist das OK?(Wunsch). – (Zusage abwarten und bedanken) Danke.

– Eine Kollegin zu den anderen beim Anblick der halb verwelkten Pflanzen im Sozialraum „Die gießt auch keiner, seit wir diese neue Reinigungsfirma haben."**Unwiderstehliche Bitte:** Liebe Stationsleitung (Adressat), ich hab den Eindruck, dass sich bei uns niemand für das Gießen der Blumen zuständig fühlt (Hintergrund). Ich möchte, dass wir das bei der nächsten Teamsitzung (Zeitrahmen) besprechen und gemeinsam festlegen, wer für das Gießen zuständig ist (Wunsch). Können wir das machen? - (Zusage abwarten und bedanken) Danke."

Lösungen zu Abschn. 5.5

Überlegen Sie für folgende Situationen eine Rückmeldung in Sandwich-Form:

1. Zahnärztin will einem Patienten sagen, dass er auch noch Zahnseide verwenden soll
   - **Sandwich-Form:** „Seit Sie nicht mehr rauchen und diese elektrische Zahnbürste verwenden, hat sich Ihr Zahnbild wirklich unglaublich verbessert (**konkret positive Wahrnehmung**). Ich denke, wenn Sie jetzt noch jeden Abend die Zahnseide verwenden (**konkreter Tipp**), dann haben Sie bald wieder ein Lächeln wie auf der Zahnpastawerbung (**allgemein positiver Abschluss/positive Konsequenz**)."

2. Internist will Patient klar machen, dass er eine regelmäßige und nicht nur sporadische Blutdruckmessung machen und diese in eine Tabelle eintragen soll.
   - **Sandwich-Form:** „Ich finde es toll, dass die Blutdruckmessungen schon so gut funktionieren und Sie mit dem Gerät jetzt auch so gut zurecht kommen (**konkret positive Wahrnehmung**). Wenn es jetzt noch gelingt, dass Sie die Messungen dreimal am Tag machen (**konkreter Tipp**), haben wir alle Informationen, um die Medikamente so zu geben, dass Sie so wenig wie möglich bekommen, um Ihren Blutdruck im grünen Bereich und Ihr Herz fit zu halten (**allgemein positiver Abschluss/positive Konsequenz**)."

Stichwortverzeichnis

Printed in the United States
by Baker & Taylor Publisher Services